KB126019

두려움과 공존 사이에서

외국인 이주노동자 유입에 대한 도시지역 원주민의 대응

이선화 지음

두려움과 공존 사이에서

외국인 이주노동자 유입에 대한 도시지역 원주민의 대응

이선화 지음

學古房

Managing Fear :
Native Residents' Strategies Responding to
Foreign Migrant Workers' Influx

Lee Seonhwa

서 문

    두려움과 공존 사이에는 광대한 시간과 공간 그리고 사람들 간의 협상과 타협이 있다. 그 사이에 아무것도 없다고 생각하고 두려움에서 단번에 공존으로 뛰어넘으려다 두려움은 오히려 더 커질 수 있다. 그래서 '사이에서'(In-between)는 양자택일이 아니라 과정이다. 두려워서 배제하는 행위와 공존에 대한 당위적 외침 사이에는 분명히 협의와 타협의 과정이 있는 것이다.

    지역주민의 관점에서 이주노동자의 유입이 어떻게 받아들여지는지를 연구하는 것은 언론이나 지식인이 주도하는 당위적인 다문화주의 담론과는 다른 동기와 맥락에 있을 것이다. 이주노동자가 한국사회에 등장하면서 막연한 두려움을 느끼게 된 사람들을 계몽하려는 지식인의 시도가 많이 있어왔지만, 사실 진정한 이주노동자에 대한 막연한 두려움을 줄여나갔던 것은 지역 현장에서 이주노동자와 마주치는 지역주민이었다는 점이었다. 이주노동자와의 공존은 거창한 다문화주의에 대한 언설에서 이뤄지는 것이 아니라, 현장에서의 실천, 특히 지역 현장에서 이주노동자들을 이웃에 두고 있는 지역주민들의 실천을 통해서 이뤄질 수밖에 없다.

    이 민족지는 '사실과는 다른' 표상을 제시해 왔던 언론을 비판하는

데 주력했던 기존의 사회연구들에 비해서 더 깊이 이주노동자와 이웃하는 지역주민들의 실천을 출발점으로 하고 있다는 데 그 의의가 있다. 2006년에 실시된 민족지 연구이기에, 이주노동자와 원주민간의 일상에서 실천되는 문화적 차이로 인해서 갈등이 심화되고 있는 시기에 연구가 진행되었다. 필자는 안산 원곡동의 허름한 고시원에서 거주하면서 지역주민들의 삶의 터전인 미용실, 복덕방, 학교, 골목 등등을 방문하며 지역주민들에 대해 상세한 민족지 연구를 했다.

언론이 만들어 놓은 이주노동자에 대한 표상과 이에 대해 비판하는 지식인들의 '공중전' 일색이었던 당시의 이주노동자 문제에 대해서 철저히 지역주민의 입장과 현실 속에서 두려움에서 공존으로의 노력으로 이어지는 협상과 타협의 과정을 상세하고 기술하고 있다.

지금에 와서는 이주노동자와 지역주민의 마주침이 그리 새롭지도 않을 수 있다. 이미 몇십 년간 한국에 터전을 잡고 일을 하고 있는 이주노동자는 한국사회의 중요한 일원으로 자리매김하고 있다. 언론의 보도나 보도 지침에서는 이주노동자를 두려운 존재로 그리는 보도의 횟수가 줄어들어 왔고 실제로 이주노동자에 대한 한국사회의 두려움도 줄어들었다. 하지만, 지역주민의 삶에서 단지 인식의 변화에 대한 시도만으로는 삶의 실천에서 마주하는 이주노동자와의 공존의 문제는 전반적인 인식변화와는 또 다른 수준의 문제다. 지역 현장에서는 공존의 노력이 이 민족지가 쓰여진 이래 계속되어 왔고 여전히 미흡한 부분이 많지만, 이주노동자와 공존할 수 있는 지역의 삶이 차근차근 구축되어 왔다고도 볼 수 있다.

이 민족지는 바로 이러한 시도의 초입에서 두려움과 공존 사이에 있던 지역주민들의 인식변환의 노력이자, 삶의 변환의 노력의 이야기들을 담고 있다. 도시사회학과 도시인류학 연구가 시작된 계기 중 하나는 도시에서 마주치는 이방인들 간 느끼는 두려움이었다. 이주노동자들의 유입이라고 하는 새로운 이방인들의 등장은 도시의 원주민들에게 새로운 두려움으로 다가온다. 이 민족지는 단순히 현대 한국사회의 문제만이 아니라, 이방인들로 가득 찬 도시에서 일어나는 두려움과 그 두려움을 이겨내고 공존하며 도시지역공동체를 구성해 온 인류의 도시적 삶의 맥락 속에서 공존을 논의하고 있다. 민족지 방법을 활용한 도시인류학의 관점에서 도시적 삶의 한 맥락으로 이주노동자의 유입에 대한 원주민의 대응을 기술하고 있다는 점에 의의가 있는 것이다.

한국사회 그리고 이주노동자를 이웃에 두고 있는 여러 지역사회들은 여전히 두려움과 공존 사이 어딘가에서 삶을 변화시키는 노력을 계속하고 있다. 이주노동자와 완전히 공존하고 있다고 할 수도 없고 그렇다고 이들이 두려움의 대상으로만 여겨지지도 않는다. 우리는 여전히 두려움과 공존 사이에 있으며, 이 민족지는 그 '사이에서'의 협상과 타협의 과정의 출발점에 대한 이야기로서 현재를 살아가는 우리 사회에 더 구체적이고 실천적인 공존으로의 움직임에 도움을 줄 것이다.

2021년 10월 8일 인천에서

I

서론

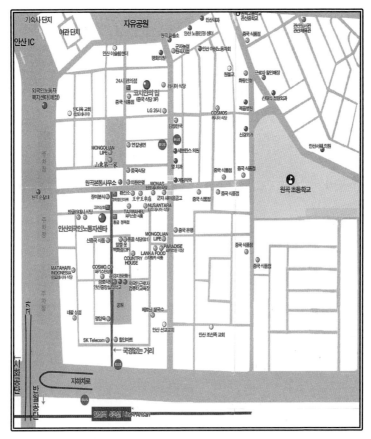

[그림 1] 안산 원곡동 지도(출처: 안산외국인노동자센터)

1. 연구의 배경과 목적

지금까지 외국인 이주노동자[1]와 관련한 인류학적 연구는 이주노동자 집단을 중심으로 이루어져 왔다. 이러한 연구들에서는 그들이 소수자로서 처한 차별적인 위치로 인해 한국사회에서 배제되어 온 현실을 지적하고, 차별이나 차이에서 오는 갈등 속에서도 한국사회에 적응하고 연망을 형성하며 자신들만의 정체성을 형성하는 이주노동자들의 실천들을 다루어 왔다. 연장선상 속에서 그들과 한국인과의 관계를 살펴보기 위한 시도들은 대부분 작업장 내의 인간관계(박충환 1995)를 중심으로 연구가 이루어졌다. 이러한 연구는 한국 사회 속에서 이주노동자의 처지와 그들의 생활과 전략에 대한 구체적인 모습들을 발견할 수 있었다는 점에서 의미 있는 작업들이었다고 할

---

1) 외국인 이주노동자와 연관된 호칭과 의미 변화에 관해서는 이태정(2004), 한건수(2004)의 연구에 논의되어 있으며, 이 논의를 따라 본 논문에서는 '외국인 이주노동자'라는 명칭을 기본으로 하되, 상황에 맞추어 외국인노동자 또는 이주노동자라는 명칭을 혼합해서 사용하였다.

수 있다.

하지만 기존연구들에서는 이주노동자들에게 일어난 변화만을 다루었을 뿐, 그들이 한국사회에 들어오게 되어서 발생한 한국인들과 지역사회의 변화에 대해서는 다루지 못했다. 실제로 외국인 이주노동자들과 함께 생활하고 있는 원주민들이 외국인 이주노동자들에 대해서 어떻게 생각하고 받아들이는지, 그들의 유입으로 인해 원주민과 지역사회가 어떻게 달라졌는지에 대한 근린 차원의 연구는 이루어지지 못한 것이다.

한국사회 속에서 이주노동자는 위험하거나 또는 불쌍한 존재로 타자화되고 있는 현실에 대해서 추상적 차원의 비판에만 그치고 있는 것 역시도 이와 같은 연구가 이루어지지 못했기 때문에 나타난 결과라고 볼 수 있다.

이러한 이주노동자에 대한 관심을 가지고 찾아가게 된 곳이 바로 안산이었다. 안산 원곡동은 다양한 국가 출신의 이주노동자들이 집단적으로 거주하는 지역이다. 이곳은 1970년대 후반 공단 신도시로 개발되면서 공단에 근무하는 노동자들이 거주하는 공간이었다. 그러나 1990년대 이후 산업구조의 변화로 인해 빠져나간 노동자들을 대신해 그 빈자리를 이주노동자들이 채우게 되었다. 2006년 말 원곡동 거주 외국인 등록인구는 8,708명으로 원곡동에 거주하는 불법체류자가 이보다 많은 수임을 감안했을 때 외국인 이주노동자의 수는 약 2만 명의 원곡동 내국인 인구에 맞먹는 수치이다. 거기에다가 외따로 떨어진 법정동인 신길동 인구 9,000명을 제외한다면 원곡동에는 내국인보다 외국인이 훨씬 많이 살고 있다는 사실을 발견하게 된다.

연구자는 원곡동 거리에서 외국어 간판이 달린 외국 상점과 외국인 이주노동자들 사이를 지나가면서 마치 이국땅에 온 듯한 느낌을 지울 수 없었다. 따라서 이주노동자들의 대표적인 주거공간이 된 원곡동에 사는 원주민[2]들이 이주노동자들의 유입으로 인한 급격한 변화에 맞닥뜨리게 되었다는 점이 큰 관심거리로 다가왔다.

이 연구는 외국인 이주노동자의 유입으로 인해 변화된 환경 속에서 살게 된 원주민들이 이주노동자들과 함께 생활해나가게 된 과정을 살펴보려는 시도이다. 즉, 이주노동자들의 유입이 원주민들의 근린 환경을 어떻게 변화시키게 되었는지, 미디어에서 재현된 이미지로만이 아니라 직접 이주노동자들과 생활하게 된 원주민들은 유입현상에 대해서 어떻게 받아들이는지, 이주노동자들과 살아가는 과정 속에서 겪게 되는 일련의 사건들을 통해서 원주민들의 이주노동자에 대한 인식이 어떻게 바뀌었는지에 대해서 밝히고자 한다. 따라서 이 연구의 주된 대상은 한국인 원주민이다. 원곡동 집단거주지를 구성하는 주요한 주체에는 이주노동자도 포함된다. 그들을 완전히 배제시킨 것은 아니지만 이 연구에서는 원주민들의 목소리에 초점을 맞출 것이다. 그렇다고 해서 그들의 목소리를 듣는 것이 그들의 입장에 치우쳐서 이야기한다는 것은 아니다.

---

2) 원주민(原住民, natives)은 그 지역에서 본디부터 살고 있는 사람들을 말한다. 안산 신도시가 건설되면서 원래 이 지역에 살던 토박이 원주민들은 자신의 땅을 보상받고 군자지구, 지금의 원곡동에 위치한 '이주민 단지'의 땅을 새로이 분배받아 이주하게 된다. 그러나 농사를 더 이상 지을 수 없게 된 상황에서 많은 원주민들은 이곳의 땅을 팔고 다른 곳으로 이주하였으며, 다른 지역에서 이주해 온 사람들이 원주민을 형성하게 되었다. 지역주민들 사이에는 이러한 구분이 존재하지만 이 논문에서는 외국인 이주노동자와 대비되는 집단으로 원곡동에 살고 있는 한국인 주민들을 일컬어 원주민이라고 하겠다.

이 연구의 목적은 원곡동의 사례를 통해 한국사회에서 원주민들이 이주노동자의 유입으로 발생한 두려움을 다루어가는 방식과 이주노동자들과의 공존의 가능성을 모색해나가는 구체적 사례를 제시하려는 것이다. 전 지구적 차원에서 다양한 이주민들을 받아들일 수밖에 없는 상황에 처한 한국사회는 다문화사회를 위한 노력에 아직은 인색하다. 다문화사회로 나아가기 위해서 필수적으로 요구되는 것은 타문화집단에 대한 이해와 수용능력일 것이다. 추상적으로만 촉구되었던 이러한 요청들을 제대로 받아들이고 실천하기 위해서는 구체적인 한국사회의 변화상을 볼 수 있는 지역사회의 원주민 집단에 대한 민족지적 연구가 요청되는 시점인 것이다.

따라서 본 연구는 다음과 같은 점을 염두에 두고 수행되었다. 이주노동자라는 이질적인 집단의 유입은 원주민들에게 두려움(urban fear)을 불러일으킨다. 이러한 측면은 미디어에서 재현되는 이주노동자의 부정적인 이미지와도 연관되어 나타난다. 따라서 두려움은 근린에서 그들과 살고 있는 원주민들이 가장 피부로 느끼는 중요한 부분이다. 그러나 원곡동 원주민들은 타 지역으로 이주하지 않고 이주노동자들과 함께 사는 것을 선택하였다. 선택의 기저에는 원주민들이 지니고 있는 사회경제적 배경이 중요한 역할을 담당하였음을 연구에서 보여줄 것이다. 또한 원주민들은 이주노동자들과 어떠한 계기로 인해 관계를 형성하고 상호작용하게 되었는지, 두려움을 다루는 방식을 체득하게 되면서 원주민들의 삶이 어떻게 변화하였는지를 살펴볼 것이다. 또한, 이러한 일련의 변화 속에서 원주민들은 이주노동자들과 어떠한 방식으로 함께 살아가기 위한 노력을 기울이는지를 제시한다.

2. 도시와 이주민

(1) 도시의 두려움(Urban fear)

워스(Wirth 1938)는 도시가 이방인들(strangers) 간의 관계[3]로 특징지어져 있고, 다양한 구성요소들이 복합적으로 상호작용하는 사회형태를 이룬다고 보았다. 따라서 도시에서는 다양한 사회문화적 배경을 가진 사람들이 조우하게 된다. 이와 같이 서로에 대해서 알지 못하는 사람들이 같은 공간에 살고 있다는 사실은 도시에서 두려움(urban fear)을 유발하는 주요인이다. 특히 도시의 원주민들은 단순히 범죄로 인한 두려움을 넘어서 이주민들이 자신들의 영역에 침입해 들어온다고 느낄 때 위협을 느낀다(Lofland 1973).

도시의 두려움을 지속적으로 형성해내는 것은 미디어에서 재현되는 사회의 담론에 의해서이다(Glassner 1999; Li 2001). 이들 연구에서는 미디어에서 재현되고 있는 이주민들(migrants)의 이미지로 인해 지식, 상상, 행위에 대한 담론이 형성되며, 이러한 담론의 반복, 순환, 확장을 통해 드러나는 공공담론의 파급력에 대해서 분석한다. 또한 특정 이주민 집단에 대한 상징적인 경계짓기를 통해 '두려움의 문화(the culture of fear)'가 형성되는 기저에는 계급과 생활양식의 차이가 내재되어 있다는 것과 이들에 대해 미디어에서 재현되는 모습과 현실과의 괴리를 파악해내려고 하였다.

---

3) 워스는 도시성의 개념적 구성요소로 밀도(density), 인구 규모(size), 이형성(heterogeneity)을 들었다. 다양한 사람들로 구성된다는 점에서 도시는 이형성을 지니고 있다고 볼 수 있다.

이러한 도시의 독특한 특성을 반영하여, 인류학에서는 근린(nei-ghborhood)[4])에서 발생하는 두려움(urban fear)과 도시생활(urban life)에 대한 연구가 수행되어 왔다(Anderson 1990; Gregory 2003; Hannerz 1969; Merry 1981; Suttles 1972). 이들은 도시 근린에서 발생하는 위험과 두려움에 대처하는(managing danger and fear) 과정과 방식에 대해 이야기한다. 해너즈(Hannerz 1969)나 서틀스(Suttles 1972)가 '방어적인 근린(defended neighborhood)'의 개념을 도입하여 암시적으로 중산층 커뮤니티와의 비교를 통해 그들이 조사한 환경 자체에서 발생하는 두려움의 측면을 분석하였다면, 메리(Merry 1981)나 앤더슨(Anderson 1990)은 종족[5]), 인종, 계급적 차원을 포함한 근린 내부 주민들 간의 변이를 살핌으로써 더욱 세밀한 분석이 이루어졌다.

두려움에 대처하기(managing fear)는 민족 집단이 문화적으로 정의내리는 위험 · 두려움의 범주에 따라, 근린에서의 자신이 속한 집단의 지위에 따라, 그리고 다른 집단에 대한 지식의 정도에 따라 달라진다. 그리고 이러한 연구들에서는 공통적으로 위험한 환경에 대

---

4) 근린(neighborhood)은 공통된 사회유대를 인식하고 지리적으로 동일한 지역에 사는 사람들로 구성된 작은 집단으로, 물리적 성격과 거주자의 사회적 성격에 의해서 범위가 정해진다. 사회적 상호작용이나 연대성이 강조되는 공동체(community)에 대비하여 근린은 광범위하게 공동 거주지에서 발생하는 생활 그 자체를 가리킨다(Porteous 1989).

5) 민족(nation)은 국가, 영토, 주권으로 이루어지는 국경, 역사, 혈통, 언어, 종교 등 문화적 경계와 일치하는 맥락에서 인지되는 사람들을 의미한다. 그러나 종족(nation)은 동일 민족 집단 안의 분화 · 이질화, 그에 따른 차별과 타자화를 살피는 데 유용한 개념이다(김광억 2005).

처하기 위한 방법으로 안전하거나 위험하다고 보는 장소, 사람, 시간에 대한 인지적 모델 또는 지도를 분석의 틀로 사용하고 있다. 이방인에 대한 대응전략으로서 지식(knowledge)[6]과 인지지도(cognitive map)[7]는 두려움을 줄이고, 일상생활을 예측과 통제 가능한 것으로 만들게 한다.

두려움에 대처할 수 있게 되는 것은 주민들이 이방인들과 근린에서 생활하는 가운데 대응해나가는 분별력(streetwise)[8]을 형성하였음을 의미한다. 그러나 다른 한 편으로는 이방인들과 적응하고 공존하기보다는 자신들을 보호하기 위해 적극적인 실천 전략을 취하기도 한다(Caldeira 1999, 2000; Low 2001, 2003). 게이티드 커뮤니티(gated communities)[9]나 요새화된 엔클레이브(fortified enclaves) 등 이방인들과 완전히 분리된 자신들만의 공간을 형성하는 것이다. 이 연구들에서는 도시의 두려움을 미디어나 주민들의 일상적인 담론의 분석 수준에서 그치지 않고, 새로운 거주지 패턴의 창조 등 사적 영역[10]의

---

6) 로텐버그(Rotenberg 2002)는 시골과 구분되는 도시의 특징인 이형성이 반영된 이방인들에 대한 지식(knowledge)이 도시적 일상생활을 하는데 요구된다고 보았다. 메리(Merry 2002)는 이러한 이방인에 대한 도시적 지식이 위험에 대처하는 중요한 역할을 한다고 언급했다.

7) 인지지도(cognitive map)란 공간관계 및 환경특성에 관하여 사람들이 머릿속에 기억하고 있는 이미지의 표현으로써, 인지지도를 통해 사물의 대상적 위치와 속성에 대한 정보를 얻어서 해독할 수 있다(이성진 2003).

8) 앤더슨(Anderson 1990)은 공공공간에서 안전을 위해 일어나는 책략과 도식을 거리의 분별력(streetwise)이라고 명명했다.

9) 게이티드 커뮤니티는 분리된 거주의 한 유형으로 북미 전역에서 도심지와는 거리를 두고 교외 지역에 담을 두른 집단적인 중상층 거주지를 일컫는다.

10) 두려움에 대한 주민들의 전략적 행위의 실천의 결과물은 비단 공간적인 분화

확장을 통한 도시구조의 변화를 분석해냈다는 점에서 의의가 있다.

한국사회는 이제까지는 미국사회처럼 다민족사회가 아니었기 때문에, 외국인 이주노동자라는 '이방인', '뉴커머'의 출현은 국민들에게 새로운 충격이었다. 특히 이주노동자가 집단적으로 거주하게 된 지역은 급격한 변화를 겪게 되었다. 다른 사회문화적 배경을 가진 이주자들이 유입되어 원주민들과 접촉하게 된 상황 속에서 두려움(urban fear)이라는 것은 중요한 부분을 차지한다. 한국인들은 이들과 공존할 것이냐 아니면 이들과는 분리된 거주지를 선택할 것이냐는 기로에 놓여있다. 그 중에서도 공존을 선택한 사람들은 전자의 연구경향에서처럼 그들과 함께 생활해나가면서 두려움을 다루는 방식을 체득해나갈 것이다. 그렇지 않은 사람들은 그들만의 사적 질서가 존재하는 분리된 거주지에서 생활하려는 시도를 보이고 있다. 본 연구에서의 이주노동자 집단거주지 원주민들은 두 측면을 모두 지니고 있지만 한 쪽에 더욱 무게를 둔다. 이주노동자와 생활하고 싶지 않은 사람들은 타 지역으로 이주했지만, 그들과의 공존을 택한 사람들은 두려움 속에서도 지식을 획득하고 인지의 정교화를 통해 근린의 변화된 질서에 대처해 나갈 것이라는 점에 초점을 맞출 것이다.

(2) 외국인 이주노동자와 한국사회 연구

한국사회와 외국인 이주노동자에 관한 연구는 그들이 한국사회에 발을 들여놓은 이후로 활발하게 전개되고 있다. 사회학적 연구(석현

만은 아니다. 닫힌 거주지를 만드는 것 이외에도 소비, 레저, 교육 등의 전반적인 활동을 폐쇄된 집단 내에서 이루어지게 하고 있다(Low 2003).

호 외 2003; 설동훈 1996, 1999, 2000; 송병준 외 1997; 이혜경 1994; 정기선 2003)에서는 양적 자료를 바탕으로 사회·경제·법·제도 등 다양한 측면에서 문제에 대해 접근하고 있다. 인류학적 연구에서는 질적 자료를 바탕으로 소수자 집단에 대한 관심과 더불어 문화적이고 의식적인 측면에 주목하였다.

이러한 경향과 관련하여 이루어진 인류학적 연구는 두 갈래로 나뉜다. 첫째, 한국인의 입장에서 이주노동자들을 어떻게 인식하는가에 대한 의식적인 차원의 문제제기(유명기 1997, 1999, 2002; 윤태선 2002; 한건수 2004; 함한희 1995)이다. 이는 한국사회 내에서 이주노동자의 사회경제적 지위와 밀접하게 연관된다. 이에 따르면, 정식 '노동자'가 아닌 '산업기술연수생'이나 '불법체류자'[11]로 호명되었던 이주노동자들은 불안정한 위치에 놓여있다. 따라서 미디어[12]와 한국 사회에서는 그들을 위험하고 두려운 존재로 재현해왔으며, 이주노동자들은 국적과 민족에 관계없이 '외국인노동자'라는 하나의 열등한 '문화적 인종'[13]으로 타자화되어 일상적 차별 담론의 대상이 되어왔

---

11) '불법체류노동자'라는 용어가 이주노동자의 노동과 삶 자체를 부정하는 의미를 내포하고 있기 때문에 외국에서의 관례대로 '미등록노동자'로 부르자는 주장이 학계와 시민단체를 중심으로 퍼지고 있으나, 정부와 일반시민들에게는 '불법체류노동자'로 인식되고 있다(한건수 2004: 448).
이주노동자의 신분을 규정하는 '합법'과 '불법'의 구분은 어떤 실체적인 범죄성이나 반사회성과는 관계없이 한국정부의 임의적 구분에 의해 부여된 상징적인 기호일 뿐이지만, 그들의 존재양식을 구성하는 강력한 요소로 작용하고 있다(유명기 1997).

12) 미디어에서 다루어지고 있는 뉴스에서는 주로 그들과 관련한 범죄(47.4%)와 인권(23.1%)보도가 중점적으로 이루어지며, 한국인들이 입게 될 피해에 대한 관심의 비중이 높다(윤태선 2002).

다는 것이다(유명기 2002: 31-2). 한국사회 내에서 이주노동자의 존재양식은 한국인들의 인식에 반영되어 나타나는데, 이러한 인식은 사회에 확대·전파되고, 민족적 편견의 요인이 될 뿐만 아니라 불필요한 긴장을 자아내기도 하였다.

둘째, 외국인 이주노동자를 주된 연구대상으로 놓고 연구가 이루어져왔다. 주로 여기에서는 이주노동자들이 한국사회에서 겪게 되는 문화적 갈등(유명기 1997; 함한희 1995)이나 이주노동자들이 가지고 있는 인종적, 계급적 특성과 연관되어 발생하는 사회적 차별과 배제(이태정 2004)에 대한 연구가 이루어졌다. 그리고 사회적 차별과 배제에도 불구하고 새로운 환경 속에서 적응(노고운 2001; 이욱정 1994)해나가는 모습이나 타문화 속에서 자신들 민족 집단의 정체성(임성숙 2004)을 구성해나가는 모습 등에 대한 연구가 주로 이루어져왔다. 이는 질적인 접근을 통해 소수자 집단인 이주노동자들이 한국사회 속에서 구조적 어려움에도 불구하고 능동적 주체로서 적응하고 실천해나가는 모습을 보여주고 있다.

두 연구 경향 중 전자는 이주노동자의 타자화에 대한 비판이 추상적이고 담론적인 차원에서 그치고 있다는 점에서, 후자는 이주라는 상호작용적인 현상을 한쪽 주체인 이주노동자만을 주된 대상으로 연구했다는 점에서 한계를 지닌다. 즉, 외국인 이주노동자의 유입이 그들과 같은 공간 안에서 살게 된 한국인 원주민과 지역사회 차원에서는 어떠한 변화된 양상을 나타내게 되었는지에 대한 관심이 부족

---

13) 동남아인들은 인식의 거리상으로는 황인종보다 흑인종에 가깝게 취급된다. 한국인의 인식에서 황인종은 중국인, 일본인의 범주를 국한되고 동남아인은 배제된다(유명기 1999: 159).

했다는 것이다. 이는 이주의 문제를 관념적으로 다루었을 뿐만 아니라 연구대상이 한쪽으로 치우쳤다는 점에서 이주노동자의 유입으로 발생한 사회문제에 대한 실질적인 해결책을 제시할 수 없었다.

지리학에서는 공간과 경제적 차원의 연구를 통해 국가적, 지역적, 근린적 차원 등 상이한 공간적 차원에서 형성되고 있는 외국인 이주노동자에 대한 배제와 포섭의 정치가 한국사회와 지역사회 차원의 경제문제와 어떻게 맞물려 이루어지고 있는지(박배균·정건화 2004)를 안산 외국인노동자거주지에 대한 연구를 통해서 밝히고 있다. 이 연구는 다차원적이고 경제적인 시각에서 접근하였다는 점에서는 의의가 있다. 하지만 다차원적인 접근 방식은 근린 차원의 미시적인 분석에는 소홀해 원주민 내부의 다양성을 포착하지 못하기 때문에 그들의 인식과 행동 변화의 내용과 구체적인 인과관계를 파악해내기는 어렵다.

본 연구는 외국인 이주노동자 집단 거주지의 원주민에 대한 연구를 통해 거시적이고 담론적 차원에서 이루어지고 있는 미디어에서의 이주노동자에 대한 재현과 의식 전환 등의 추상적 논의에 그치지 않고, 이주노동자들과 함께 살고 있는 지역사회의 원주민들을 민족지적으로 살펴봄으로써 그들의 삶과 인식에 대해 미시적이고 실제적인 차원에서 분석하겠다.

3. 연구 대상 및 방법

연구대상지역은 안산시 전체로, 이주노동자들이 집중적으로 거주하고 있는 원곡동을 중심으로 조사를 진행하였다. 2005년 11월 두 차례의 방문으로 원곡동 지역을 개괄하였다. 2006년 1월과 2월에는 예비조사 기간으로, 원곡본,1,2동 사무소 등 관공서를 방문하여 지역에 관한 기본적인 자료수집을 하였으며, 2006년 상반기 동안에 이주노동자지원시민단체를 방문하여 한국어교사 등의 자원봉사자로 활동을 시작했다.

2006년 3월부터 6월까지는 본격적인 조사기간이다. 연구자가 조사기간 중 한 달 여간 머물렀던 곳은 원곡동에 위치한 고시원이었다. 이곳에는 일용직 근로자나 이주노동자들이 저렴한 가격에 머물 수 있는 고시원들이 꾸준히 늘어나고 있는 상황이었다. 연구자는 중심가의 고시원을 돌아다닌 결과 대부분 외국인들이 살고 있다는 사실을 발견하고는, 외국인들이 적을 것이라고 생각되는 고등학교 근처에 위치한 고시원에 방을 잡았다. 학교 주변이라서 학생들을 비롯하여 한국인들이 많이 살지 않을까 내심 기대했었다. 그러나 4개 층 중 연구자가 살던 3층의 30여개의 방 중에서 한 아저씨를 제외하고는 전부 외국인 이주노동자들이었다. 한 쪽 옆방에는 이주노동자 부부가 좁은 방에서 함께 기거하고 있었고, 다른 쪽 방에는 외국인 이주노동자 남성이 살고 있었다. 고시원 주인 인터뷰를 통해, 그곳 고시원에서 발생했던 도난, 폭행 등의 사고를 듣고 난 후 여서였는지 실제로는 아무런 일들이 일어나지 않았음에도 불구하고, 문을 꼭 걸어 잠그고 텔레비전 볼륨을 높인 채 잠들기도 하고, 노트북을 방에 놔두고 조사를 나갈 때에는 혹여나 누군가 문을 따고 들어와 훔쳐 가버리지 않을까 걱정하기도 했다. 따라서 연구자 자신의 두려움과 그에 대한 대응 역시도 연구의 대상에 포함시켰다.

연구대상은 원곡동에 거주하는 한국인 원주민들이다. 이 지역에서 생활하는 주민들, 상인들, 임대업자 등 다양한 층위의 사람들과 인터뷰를 하였다. 또 지역 활동에 참여하기도 했는데, 주민자치위원회, 통반장 협의회, 상인회 등에 참여하며 지역 일을 맡아보고 있는 주민들을 만나고 이들이 주최하는 월례모임과 회의에 참석하기도 하였으며, 직접 참여할 수 없을 경우에는 결과를 전해 듣고 정리하는 방식을 사용했다. 이들 중에는 안산시가 태동할 때부터 원곡동에 살고 있었던 원주민들이나 장기거주자들이 많아서 안산시와 원곡동 형성과 발전의 전반적인 역사를 들을 수 있었을 뿐만 아니라 직접 이주노동자들을 상대하는 상업이나 임대업에 종사하고 있는 사람들도 상당수였기 때문에 이주노동자들의 유입을 전후로 한 변화상에 대한 상세한 부분들까지 알아낼 수 있었다.

집단거주지는 원곡동과 그 주변의 몇몇 동으로 한정되지만 원곡동에 거주하는 원주민들 이외에도 안산의 다른 지역에 거주하는 사람들을 만나는 것 역시 필요했다. 다른 지역에 사는 사람들이 이주노동자 또는 원곡동에 대해서 어떻게 생각하는지를 살펴보는 것이 연구의 객관성을 확보하는 데 있어서 중요한 것이라고 생각하였기 때문이다. 따라서 원곡동 원주민들 이외에도 선부동, 와동 등의 주민들이나 인접지역에 살고 있는 시흥 시화공단의 사람들을 만나 원곡동과 이주노동자에 대해서 물어보았다. 이러한 인터뷰는 분석의 시야가 원곡동에만 머무르지 않고 전반적으로 안산시 내에서의 비교를 가능하게 하였다.

또한 이 지역에서 이주노동자지원시민단체로 활발한 활동을 벌이고 있는 두 단체인 안산이주민센터와 안산외국인노동자의 집에서 조사기간 동안 한국어 교사, 노동 상담 자원봉사자로 활동하였으며, 이때 알게 된 이주노동자들과 자원봉사자들에 대해서 비공식적인 대화 또는 필요하면 공식적인 인터뷰를 통해서 자료를 수집하였다. 이를 통해 그들의 입장에 대해 파악할 수 있었으며, 특히 시민단체와 지역 주민과의 연계와 활동이 어떻게 이루어지는지를 지역주민과 함께하는 행사를 중심으로 조사하였다.

지역의 동사무소와 외국인복지지원과, 구청, 시청, 파출소 등 관련 기관을 방문하여 조사하였다. 안산시청을 방문하여 안산시의 초기부터 현재까지 도시계획과 원곡동과 주변지역의 현황에 대해서, 안산 외국인복지지원과, 원곡본동사무소, 원곡지구대 파출소 등을 정부기관을 방문하여 이주노동자지원시책과 원곡동의 구체적인 상황에 대한 자료를 얻고 인터뷰를 할 수 있었다.

2006년 8월과 9월에는 정리된 자료를 바탕으로 부족한 부분을 중심으로 보충조사가 이루어졌다.

안산 외국인 이주노동자 유입의
사회경제적 배경

1. 안산신도시의 형성

　안산은 반월공업단지와 더불어 건설된 우리나라 근대화 이후 최초의 신도시이다. 1960년대 초, 군사정권의 수립과 국가주도 산업화의 결과로 한국은 급격한 경제성장을 이룩하였다. 그러나 수출지향적인 국가의 산업화 정책은 서울을 비롯하여 특정 지역을 집중적으로 개발하는 방식을 채택했기 때문에 이로 인해 인구의 편중과 지역발전 불균형의 문제가 발생하게 되었다. 정부는 제1차 국토종합개발사업의 계획과 추진과정에서 이러한 집중과 불균형의 문제를 해결하기 위해 적극적인 분산 정책을 실시하게 되었다. 그 일환으로 건설된 것이 안산과 반월공단인데, 이는 서울의 산업과 인구를 수도권의 서남부 외곽지역으로 분산하기 위해 이루어진 적극적인 시도 중의 하나였다. 당시에는 이미 울산, 구미, 포항 등의 수출 공단이 포화 상태였던 까닭에, 수도권에 근접해 교통이 편리하면서 용수, 전기, 인력 모두를 해결하면서 깨끗하고 안락한 생활환경을 만족시켜줄 수 있는 공단지역을 찾아내는 것은 어려운 일이었다. 결국에는 이러한 조건

을 모두 만족시키는 새로운 도시를 건설하자는 정책이 세워졌고 안
산은 신도시 조성의 필요조건을 갖춘 최상의 입지조건을 지닌 공간
으로 제시되었다.

[사례 II-1] 안산 신도시의 입지조건

안산은 서울의 서남쪽에 입지하며 서울과 직선거리 35km, 수원 14km,
인천 20km 등 수원, 인천 등과의 근접성이 유리하다는 점, 남양만의
갯벌을 이용하고 순수 농촌지역을 도시화하는 것이기 때문에 도시개발
가능면적이 약 70%에 달하고 도시계획이 보다 쉽게 이루어질 수 있고
공해발생의 피해를 최소화할 수 있다는 점, 평단부와 구릉지가 교호로
분포하고 있어 구역 전체에 걸쳐 구릉지의 적정한 개발이 가능한 자연적
공업입지 여건을 갖춘 지역이라는 점, 수인 산업도로와 인접해 있고 수인
선 철도가 관통하는 지역으로 철도, 국도 및 인천항을 통한 화물유통기능
등 원활한 교통여건을 갖추었다는 점, 그러면서도 개발의 필요성이 절실
한 낙후된 경인지역 서해안에 위치하고 있다는 점 등이 고려되었다(정건
화 2005: 22).

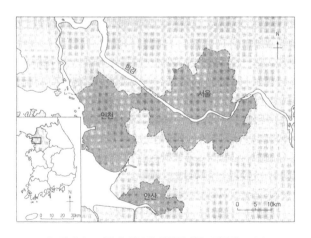

[그림 2] 수도권에서 안산의 위치(박배균·정건화 2004)

안산으로의 1차적인 이전대상은 서울에서 용도지역규정을 위반하고 있는 공장, 특히 공해공장이었다. 왜냐하면 이 시책은 인구분산과 아울러 도시의 환경을 개선하는 이중의 효과를 가질 수 있고 또 이 공장들이 현행제도를 위반하고 있어서 용이하게 그 실행을 강제할 수 있었기 때문이다.[1] 1980년 가동업체 관련 전수조사에 의하면, 이러한 시책의 결과로 정부규제에 의해 입주한 기업이 60%를 넘었다는 사실은 정부정책의 강력함을 보여주었으며, 80년대 초반 공장들의 입주가 마무리 된 반월공단은 새로운 수도권의 공업지역으로 자리 잡게 되었다. 1981년 말 당시에 반월공단을 구성하고 있는 업종은 기계, 석유, 1차 금속, 화학, 염색 등의 관련업체로 총 204개 업체였다. 1980년 기준 종업원 1인당 생산성이 7백만 원 정도였는데 이는 언급하였던 공단 입주 업종들이 전국 평균에 비해 낮은 생산성을 갖는 노동집약적인 중소업체를 중심으로 구성되어 있기 때문이었다(강경원 1981). 서울 집중 문제 해결책으로서의 안산과 공단 건설이라는 정부의 정책은 발전된 중심지에 위치한 공장을 이전시킴으로써 서울의 변화속도를 따라잡지 못하던 사람들[2]과 상대적으로 경제개발이

---

1) 또한 정부는 안산 반월공단으로의 이전에 전폭적인 지원과 세제 혜택을 부여했다. 그럼에도 불구하고 안산으로의 이전은 서울보다 상대적으로 불리한 여건일 수밖에 없었으므로 공단조성 초기인 1981년까지는 공장 입주율이 터무니없이 낮았기 때문에 반월공단에 입주할 수 있는 조건을 대폭 낮추어 대기업 공장도 입주할 수 있게 해 주었으며, 부지의 크기를 늘리고 분양가를 동결하는 등의 조치를 내린 결과 1985년까지 5년 동안 연평균 35%씩 늘어나 총 594개사에 이르게 된 것이다(안산시사 1999 참조).
2) 당시에 하루가 다르게 집값이 오르던 서울에서 집을 팔고도 새집을 사지 못하는 수 없이 안산으로 내려와 살게 된 원주민들도 많았다(김학순(59세, 여)씨 인터뷰 내용).

덜 이루어진 지방민들을 불러들이는 요인으로 작용하게 되었다.

[사례Ⅱ-2]

▸ 연구자 : 언제, 어떻게 안산에 와서 살게 되셨어요?

▹ 이미순(57세, 여성) : 83년도 군자면일 당시에 서울에서 내려왔지. 당
시에 땅값이랑 집값이 하루가 다르게 올라가던 시기여서 서울에 있는
집을 팔고는 서울에 괜찮은 집을 살 수가 없어서 안산까지 내려오게
된 거야. 이 동네 먼저 이사와 있던 친척들이 와보라고 해서 울면서
내려오게 되었지.

사례에서 볼 수 있듯이 서울의 급격한 발전 속에서 성공적으로 살
아남지 못했던 사람들은 치솟는 집값 속에서 근교로의 이주를 결정
할 수밖에 없었다. 이외에도 경제적인 문제나 산업에 대한 정부 규제
로 인해 서울에 남아있을 수 없었던 사람들이 안산으로 내려오게 되
었다. 당시에 안산은 집을 저렴한 가격에 구할 수 있을 뿐만 아니라
공단이 입지해 있었기 때문에 "두 내외가 열심히만 일을 하면 먹고
살 수 있는 동네"였다. 따라서 안산은 공단과 그곳에서 일할 사람들
모두를 새로이 얻게 되었다.

하지만 안산은 새로이 유입된 인구만으로 구성된 것은 아니다. 이
미 안산이 될 지역에는 예전부터 토박이 원주민들이 살고 있었다.
그들 역시도 신도시 건설 과정에서 변화를 겪을 수밖에 없었다. 안산
은 다른 신도시들과는 달리 도시설계방식(urban design)을 도입해서
공단과 주거지를 동시에 계획하였다. 이는 지역 전체를 탈바꿈하는
대대적인 작업이었기 때문에,[3] 정부는 전면매수방식을 도입해서 지
역 전체를 매입하여 새로이 도시를 구획하게 되었다. 구획 과정에서

토박이 원주민들은 보상을 받고 자신들이 살고 있는 터전을 떠나 안산 내 이주민들을 위한 단지로 이주할 수밖에 없었다.

신도시 개발이 본격적으로 착수되기 시작한 1977년 당시 안산은 농토와 염전 및 야산으로만 이루어진 지역으로 인구는 19,596명이었다. 토박이 원주민들은 거의 농업과 어업에 종사하였으며, 그들의 생활권은 주로 인천지역이었다. 안산에 공단이 개발되면서 가장 먼저 개발이 시작된 지역이 반월공단과 근접한 군자지구이다. 이곳은 토지보상을 받은 토박이 원주민들이 땅을 분배받은 이주민 단지가 형성된 지역이었다. 1차 산업에 생활기반을 두고 있던 원주민들은 하루아침에 적은 보상액을 가지고 이주민단지로 이주했는데, 토지보상액만 가지고는 분양받은 택지에 주택을 신축하기 어려웠고, 농사만 짓던 이들은 금융경제에 익숙하지 않아 자금을 효율적으로 관리하지 못하고 일상생활비로 소비해버리는 경우가 대부분이었다. 이주민 단지로 이주한 사람들 중에 여유가 있는 사람들은 집을 지은 후에 남은 보상금으로 재투자와 다른 지역에 전답을 마련하여 안정된 생활을 구축하였지만, 집지을 돈만 마련하고 안정적 직업을 얻지 못한 사람들은 다른 사람의 농사를 지어주거나 공단에 취직하여 생계를 유지하였다. 그나마도 주택신축비용을 충당할 수 없었던 사람들은 주

---

3) 안산신도시는 국내 최초로 도시설계방식(urban design)을 도입해서, 소비 공간을 공업지역과 분리하고, 도로와 철로가 생활권 및 공단과 연결이 용이한 지점을 통과하도록 구상되었다. 안산은 직주연계형 전원공업도시로 구상되었기 때문에, 창원이나 여천과 같이 기존도시에 인접해서 개발하는 신도시나 행정기구의 소산(疏散)을 위한 소규모 과천신도시와는 성격이 다른 자기완결형(강성효 1981: 67) 신도시였다.

택 부지를 외부인들에게 팔고 세입자가 되었다(안산시사 1999 참조).

"78년도 원주민 보상할 때 별로 안 좋은 지역을 우선 줬어. 안산역 앞은 일반 분양지로 사람들에게 분양한 거지. 여기 원곡고 주변 땟골이 원주민 단지야. 후미진 곳을 주고 수자원공사는 안산역 앞을 일반인들에게 분양 했어. 강제로 수용해서 수용가는 얼마 안 되는데 폭리를 취한 거지. 터도 작게 해서 100평–60평정도 제비뽑기로, 불평불만이 많았어. 지금은 도로보상하면 난리 나잖아. 버티면 돈도 더 많이 주고. 박정희 시대에 초지리 등 1차로 보상 들어간 사람들이 희생양이 된 거지. 그 이후로는 머리가 깨이기 시작해서 보상 받아서 졸부가 되기도 하고 하지만 어쨌든 우리는 반월공단의 희생양이었어. 농사짓던 사람이 이런데 와서 살라고 하면 어떻게 하나……. 정부가 밉지."

(박상현, 남, 55세)

실제로도 박상현 씨를 비롯한 토박이 원주민들은 대부분 토지보상 액을 받아들고 군자지구 이주민단지로 이사를 왔지만 무사히 정착하여 안정된 생활을 누리는 데 어려움을 겪었다. 신도시 개발과정에서 재빨리 적응한 일부 토박이 원주민들은 경제적인 이득을 보았지만 대다수의 원주민의 경우에는 생활수준이 낮아졌고, 극단적인 경우 도시빈민층으로 전락하면서 신도시에서 주변도시나 농촌지역으로 밀려나갔다(안산시사 1999). 그 결과 1980년대 말 안산의 인구 중 안산 토박이 원주민은 불과 8%에 불과한 1만 명 정도였다(이정남 1989: 208).[4] 군자지구는 반월공단 형성기에 유일한 안산의 주거지

---

4) 이후 고령화와 사망, 그리고 타 지역으로의 이주 등의 요인을 고려하면 2004년

역이었다. 따라서 초기 안산의 구성원들은 신도시와 공단이 건설 등의 급격한 변화 과정 속에서도 군자지구, 지금의 원곡동에 정착하여 생활을 시작하였다.

반월공단 공장입주 후, 군자지구에는 서울로부터 이전하거나 새로 생긴 공장에 취직하기 위한 외지인들의 유입이 시작되었다. 유입인구 중 자본을 소유하지 못한 외지인들은 공단에 취직하여 노동자 생활을 하였다. 신도시 정착 과정에서 토박이 원주민들이 빠져나간 자리는 외부인구 유입으로 순식간에 메워졌고 이후로 인구는 빠르게 증가했다. 1986년 1월 1일 시로 승격된 이후 10년간(1986-1995년)의 인구증가율은 18.3%였다. 이는 같은 기간 중 우리나라 전국 평균이 2%미만이고 경기도의 평균 인구증가율이 4.6%인 것과 비교하면 4-10배의 폭발적인 인구증가였다(정건화 외 2005).

당시에 집을 소유하고 있었던 토박이 원주민이나 이주하여 터전을 잡은 사람들은 공단노동자 가족을 대상으로 방을 빌려주는 임대업을 하게 되었다. 이곳 주택은 몰려드는 사람들의 수요에 맞추어 소득을 늘리기 위하여 세를 많이 받을 수 있는 다세대주택 형태로 개축되었으며, 지하에도 방을 들였다. 군자지구는 반월공단으로 출퇴근하는 노동자들이 거주하는 공간이 되었고, 이들을 상대로 상업에 종사하는 사람들 역시도 증가하게 되었다. 주거인구 증가에 따라 군자지구, 원곡동은 노동자들을 상대로 하는 가장 큰 주거·상업지구가 조성되었다[5].

현재 원주민은 전체 안산인구의 1.0%-1.4%수준을 넘지 않을 것으로 예상된다 (정건화 외 2005: 29).

5) 박배균·정건화(2004) 참조.

[표 1] 군자지구(지금의 원곡동)의 인구변화(통계청)

년도	인구수(명)	년도	인구수	년도	인구수	년도	인구수/등록된 외국인인구
1979	8,166	1986	26,040	1993	22,876	2000	19,411
1980	16,965	1987	30,681	1994	20,787	2001	18,309
1981	26,144	1988	31,301	1995	19,704	2002	18,455
1982	34,851	1989	33,706	1996	18,237	2003	18,083/5,926
1983	44,249	1990	31,552	1997	17,506	2004	18,203/5,653
1984	60,144	1991	32,406	1998	19,989	2005	25,681/5,368
1985	74,818	1992	25,777	1999	19,989	2006	29,487/8,560

:1985년까지는 지금의 원곡본동, 1동, 2동을 합쳐 군자지구라고 불렀기 때문에 인구가 훨씬 많다. 1986년 이후 원곡본동(원곡동)이 분리되어 나오면서 인구수를 개별적으로 계산하게 되었다.

이후 군자지구는 1980년대 초부터 반월공단이 본격적으로 가동되면서 더욱 더 많은 노동자들이 몰려들기 시작하였다. 1985년 군자지구에서 각 동으로 분리되어 나온 현재의 원곡동은 거주 인구만 3만 명을 넘어서는 대단위 노동자 주거지역으로 성장하였다. 당시에는 원곡동에서 젊은 부부와 자녀로 구성된 3-4인 가족이 다세대주택 단칸방에서 거주하는 것이 일상적인 풍경이었다. 한 건물에 여러 세대가 거주하였으며 거리는 어른들과 아이들로 넘쳐났다. 50대 여성 원주민의 증언에 따르면, "초등학교에서는 4학년까지 2부제 수업을 실시하였음에도 불구하고 교실이 부족해서 저학년들은 운동장에서 수업을 했다"는 사실은 당시의 폭발적 인구증가를 단적으로 보여준다.

원곡동은 안산 신도시와 반월공단이 설립된 이후 토박이 원주민이나 이주해 온 외지인들이 중심이 되어 주거와 상권을 형성한 초기

개발 지역이었다. 이들은 주로 반월공단에 출퇴근하는 노동자 계층을 상대로 생계를 유지하였다. 다시 말해, 안산신도시는 공단을 중심으로 하는 노동자들의 거주지였다. 원주민들은 원곡동을 중심으로 힘든 과정을 거쳐 안산에 정착하였으며, 노동자들을 통해 물적 기반을 이루었다. 이들은 지금의 발전된 산업도시, 안산의 원류를 형성하였던 것이다.

2. 외국인 이주노동자 집단거주지 형성 과정

(1) 산업구조의 변화

안산은 서울 다음으로 외국인 이주노동자가 가장 많이 거주하고 있을 뿐만 아니라 집단거주지까지 형성하고 있는 지역이다. 외국인 이주노동자 유입은 안산 반월공단에 입지한 산업의 특성과 한국의 1980-90년대 정치경제적 과정이 맞물려 일어났다.

반월공단은 서울에 산재해 있던 조립금속기계업 및 공해유발업체들의 이전을 목적으로 만들어진 것이었기 때문에, 반월공단을 비롯해서 안산지역의 업체들 대부분은 저임금 노동력에 의존하는 중소규모 업체들이었다. 1989년 조사에 따르면 반월공단 입주업체의 74%가 100인 미만을 고용하는 중소업체들이었다(유승무 1994). 이들 업체들은 기술이나 상품의 개발보다는 노동력 비용의 절감을 통해 경쟁하는 상황에 처해 있었다. 따라서 1980년대 안산은 저임 노동력의 착취를 통해 급격한 산업화를 경험하였다. 1991년에 이르러서는

1,000개 이상의 기업이 입지하고, 8만 5천 명 이상의 노동자가 일하고 있는 거대한 산업도시로 변모하였다. 산업생산율은 1985년에서 1990년 사이에 22%이상의 연평균 증가율을 보였고, 그 이전의 1980년에서 1985년 사이에는 35%이상의 연평균 증가율을 보였다. 이러한 산업화를 기반으로 안산의 인구도 급증하였는데, 1980년에 31,189명에 불과하던 인구가 10년 후인 1990년에는 252,157명으로 늘어났다(Park and Markusen 1999).

그러나 1980년대 후반 이후 급속히 진행된 한국사회의 전반적 민주화와 그에 따른 노동운동의 성장으로 인해, 1987년 이후 노동집약 부분에서부터 일기 시작한 인력난은 1990년대 들어와서는 전 제조업으로 확대되었고, 91년에 이르러서는 제조업 생산직노동자의 부족인원이 18만 명을 넘게 되었다. 이러한 현상은 출산율저하, 고령화, 고학력화에 따른 노동공급의 규모 및 구성의 변화, 제조업부문의 분절화 및 서비스산업부문의 팽창과 같은 수요측면의 변화, 변화된 노사관계의 지속 등으로 인하여 날로 심각해졌다(이혜경 1994: 90). 안산에 위치한 기업들은 대부분 저임노동에 의존하는 중소기업이었기 때문에 이러한 노동환경의 변화는 반월공단에 큰 타격을 가할 수밖에 없었다. 1990년대 초반 조사대상 기업들의 70%가 노동력 부족을 가장 큰 애로사항으로 인식하고 있었다. 이러한 위기에 직면하여 안산지역의 기업들은 여러 가지 방식으로 위기에 대응하였는데, 그 중의 하나가 임시직과 외국인 이주노동자의 고용확대를 통해 노동부족 위기를 돌파하는 것이었다.

1990년대 초반 안산의 기업들을 대상으로 한 연구에 따르면, 안산 기업들의 69%가 임시직 노동자를 고용하고 있었고, 외국인 이주노동자를 고용하고 있던 업체는 전체의 30%에 불과하였다(Park and Markusen 1999). 대부분의 기업들이 외국인 이주노동자를 고용할 의사를 가지고 있었음에도 불구하고, 1990년대 초까지 국내 기업들의 외국인 미숙련 노동자의 고용은 법으로 금지되어 있었다. 이 문제를 해결하기 위해 산업계는 1980년대 말부터 외국인노동자의 수입을 허용해 줄 것을 정부에 요청하였고, 노동력 부족의 문제를 인식한 정부는 1992년 '산업연수생제도'를 도입하여 외국인노동자의 고용을 허용하게 되었다. 처음에는 최대 1만 명의 외국인산업연수생들이 3D업종에만 진출하는 것으로 제한되었다. 하지만 이후 산업연수생의 숫자는 점차 늘어나서, 1994년에는 3만 명, 그리고 1995년과 1996년에는 7만 명까지 늘어났다. 그리고 연수생들이 진출할 수 있는 업종도 3D업종뿐 아니라 5%이상의 노동력 부족을 겪고 있는 모든 제조업으로 확대되었다. 이러한 과정을 통해 안산지역으로의 외국인 이주노동자 유입이 시작되었고, 점차 그 수도 늘어나게 되었다(박배균·정건화 2004).

(2) 원곡동 집단거주지의 형성

안산은 서울 지역 과밀화 분산 정책의 일환으로 국가 계획에 의해 탄생한 지역이었지만 국가 계획에 의해 쇠퇴의 과정을 겪게 되었다. 3D업종 기피현상과 더불어 나타난 노동력의 부족은 반월공단의 침체를 야기했다. 더불어 반월공단의 주거지역인 군자지구, 원곡동일대는 1990년대 초반 인구수가 3만 여명에 이르렀지만 그 이후 급격한 감소의 길을 걷게 된다. 1997년에 원곡동에 법정동인 신길동 지역이 편입되면서 1998년 이곳에 새로 건설된 아파트 단지 입주인구 9천여 명이 편입된 것을 고려한다면 근래 들어 원곡동에 거주하는 내국인의 수는 만 명 내외에 그치고 있는 것이다. 그리고 반월공단의 위기와 더불어 원곡동 지역의 인구감소를 가져오게 된 또 하나의 요인은 안산시 내 새로운 주거지역과 상업지역의 발전이었다. 애초에 인구 20만 명을 목표로 건설되었던 안산은 이미 80년대에 인구 20만을 훨씬 넘어섰다. 원곡동에 이어 선부동과 와동 등지에 연립주택이나 주공아파트 건립이 지속적으로 이루어졌으며, 공해물질 배출 그린벨트 지역으로 지정되어 있던 고잔뜰을 주거상업단지로 탈바꿈하기 위해 92년도부터 안산 신도시 2차 개발계획이 수립되었고, 고잔뜰 지역은 수도권 과밀인구흡수 뿐만 아니라 안산지역 내 인구이동을 촉발시켰다[6]. 생활수준의 향상 역시 원곡동의 주민들이 공단에서 돈을 벌어서 단칸방이 아닌 방2-3개의 넓은 주거지역으로 이주하게 되는 원인으로 작용하였다.

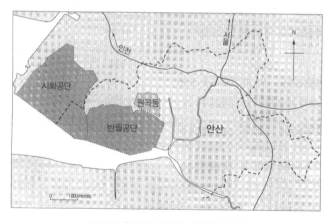

[그림 3] 원곡동의 지리적 위치(위의 책)

---

6) 안산도시계획연혁(2004) 참조.

요컨대, 선부동 일대, 고잔동 일대 신시가지와 거주지 개발과 산업구조의 변동으로 인해 반월공단이 위기를 맞는 시점은 맞물려져 상대적으로 낙후된 원곡동 지역은 급격한 인구 감소를 겪게 된 것이다.

90년대 들어, 원곡동의 급격한 인구유출은 이 지역 경제와 원주민 사회에 커다란 타격을 가져왔다. "먹자골목"으로 불리던 원곡본동 사무소를 중심으로 한 주택사거리 지역의 음식점들은 망해 나가고 노동자들을 위한 다세대 주택은 세입자가 줄어들었다. 소수의 젊은 층 독신 노동자와 저소득 노인 등 어려운 여건에 놓인 사람들이 남아 이곳의 세입자와 소비층을 구성하였다. 원곡동은 안산 중에서도 기초생활보호대상자가 가장 많은 지역이 되었다.

원곡동의 원주민들은 소규모의 자본으로 노동자들을 상대로 하는 소매업과 임대업에 종사하고 있었기 때문에 반월공단의 쇠퇴가 가져온 충격은 엄청났다. 하지만 원주민들에게 있어서 다른 지역으로의 이주는 쉽지 않은 일이었다. 원곡동에 주택이나 집을 소유하고 있는 사람이라고 하더라도 고잔동 등 안산의 타 지역 아파트로 집을 팔아 이사를 갈 수는 있었지만, 다세대주택이나 건물을 팔고나서는 새로운 생계유지수단을 찾지 않고서는 소득을 지속적으로 획득할 수단이 없었다. 대부분의 원주민들은 이미 원곡동에 자리 잡은 지 20여년의 세월이 흘러 나이가 중년 이상으로 새로운 일을 벌이기에는 너무 늦었다고 생각하고 있었다.

다행히도 90년대 후반, 외국인 이주노동자들이 공단지역에 유입되면서 원곡동에는 침체기를 벗어날 수 있는 기회를 맞이했다. 반월공단과 시화공단과의 근접성과 편리한 교통, 저렴한 다세대 주거 공간 등은 금전적 여유가 적은 이주노동자들이 적은 비용과 노력을 들이

고도 생활을 영위할 수 있는 공간이었다.[7] 이주노동자들이 안산 중에서도 원곡동에 몰려들게 된 원인은 이와 같이 원곡동이 공단노동자들을 위한 주거 공간으로서 지니는 장점을 그대로 지니고 있기 때문이다.

외국인 이주노동자들의 유입이 가장 활발한 2002년 말 경 법무부의 외국인근로자 인구조사 자료에 따르면, 원곡동에 거주하는 외국인이 약 18,000명이었다. 게다가 비공식적으로는 불법체류자를 포함해 2만 명 이상이 이 지역에 거주하고 있는 셈이었다. 내국인과 외국인을 합쳐 원곡동에 거주하는 총 인구는 약 3만 명 정도로, 이는 원곡동이 가장 번성했던 80년대 말과도 맞먹는 수치이다.

이주노동자의 증가는 원곡동 지역에서 고전을 겪고 있던 상인들과 임대업자들에게는 기쁜 소식이었다. 새로운 소비계층의 형성으로 인해 원곡동의 경제가 부흥의 기회를 맞이한 것이다. 기존의 상인들은 외국인 이주노동자들을 상대로 장사를 해서 소득을 올렸다. 기존 원주민과는 다른 그들의 취향과 수요에 맞는 상점의 형태로 변경하는

---

7) 많은 공장들은 노동자들을 위해 셔틀버스를 제공하고 있는데 이는 출퇴근의 편의성 및 안전성을 보장하는 역할을 담당하고 있는 것이다. 2000년경까지만 해도 용역회사들이 원곡동 건너편에 위치한 반월공단의 유통 상가에 위치해 있었는데 대부분 원곡동 주택지역으로 옮겨왔다. 이러한 일자리 소개소는 일자리소개와 노무관리의 일정까지 취급하는 경우가 대부분으로 소개소들이 원곡동에 집중된 것은 일자리를 직접 알아보기 힘든 이주노동자들에게 거주와 취업을 모두 해결할 수 있는 이점을 제공했기 때문이다. 외국인노동자의 유입으로 이 노동력을 일자리와 연결시켜주는 노동시장 네트워크가 형성, 발달된 것이다. 특히 불법취업 외국인의 경우 임시직, 일용직을 구하기 위해 정보입수와 구직행위가 일상적 활동이라는 점에서 더욱 유리한 여건을 제공하는 곳이었다(박배균·정건화 2004).

[그림 4] 외국식품점과 음식점, 환전소, 직업소개소 (저자 촬영)

경우도 생겨났다. 또 그들을 타깃으로 새로이 이 지역에 진출하는 외부인 상인들도 생겨나게 되었다. 또한 국제결혼을 한 외국인-내국인 가정과 한국에서 장기간 일해서 돈을 모은 외국인들이 '중국식품점'과 같은 수입 식품점을 열거나 자국의 음식을 파는 에스닉 음식점을 운영했다. 또 원곡동에는 외국인들을 상대로 하는 비디오 숍과 노래방, 유흥 서비스업이 발달했다. 이러한 곳들은 이주노동자들에게는 여가 공간으로, 모임의 장소나 휴식처로 이용되었다. 임대업도 다시 활기를 띠기 시작하였다. 이주노동자들은 저렴한 기존의 다세대주택의 '벌집'에 세 들거나 고시원에서 살았다.[8] 또는 조금 비싸더

---

8) 이에 발맞추어 2001년 5월에는 원곡동 고시원 연합회가 설립되었고, 2001년 40여개에서 2002년12월 78개로 증가하였다. 지금도 고시원의 숫자가 지속적으로 늘어나고 있다. 고시원은 관광비자로 단기간 거주하는 러시아나 우즈베키스탄 동포들이 많이 이용하는 경향이 있으며, 원룸이나 셋방에서 장기 거주하

라도 안전성이 보장되는 새로 지어진 원룸에 집단적으로 기거하였다. 이주노동자들의 수요로 인해 신축건물에 고시원이나 원룸이 들어서게 되었으며, 기존의 건물도 이와 비슷한 구조로의 개축이 일어났다. 원곡동의 방들은 꽉 차게 되었고, 1999년 1월에서 2002년 5월 사이기간 동안 안산지역의 주택 가격 및 임대료가 경기도의 전체 평균보다 높은 비율로 증가하였다(박배균 · 정건화 2004).

한국인노동자들이 빠져나간 자리에 이주노동자들이 들어오면서 안산은 부흥의 기회를 맞이하게 되었다. 반월공단도 이주노동자들을 고용할 수 있게 되었고, 원곡동의 원주민들도 생계를 유지할 수 있는 기반을 회복하게 되었다. 그러나 이주노동자들의 유입은 상업과 임대업에 종사하는 원주민들의 소득증진에는 기여했지만, 경제적 측면의 이득 이외의 급격한 변화상에 원주민들을 맞닥뜨리게 만들었다.

3. 근린 환경의 변화

원곡동은 이제는 원주민들만의 공간이 아니라 이주노동자들도 함께 거주하는 곳으로 변하였다. 이로 인해서 이곳의 근린 환경은 이전과는 달라질 수밖에 없는 상황에 놓이게 되었다. 그리고 근린 환경의 변화는 원주민들의 생활도 달라지게 만들었다.

첫째, 상권의 변화가 일어났다. 원곡동에는 이주노동자들을 대상으로 식료품과 생필품을 판매하기 위한 슈퍼마켓과 할인잡화점이 생

는 집단은 장기비자를 쉽게 받을 수 있는 조선족들이다.

겼다. 대부분의 슈퍼마켓에서는 기본적인 제품 이외에 외국 수입 식품을 들여놓는다. 고기를 좋아하는 이주노동자들을 위해 정육점이 골목마다 들어서 있으며, 한국인은 잘 먹지 않는 양고기를 판매한다. 이주노동자들의 국내 및 고국과의 연락을 위한 휴대폰 가게, PC방, 국제전화카드판매 및 전화방 역시 증가하였다. 이주노동자들을 대상으로 한 외국식품점과 음식점 역시 증가하였다. 중국인들 중에서 특히 조선족들이 돈을 벌어서 중국식품점과 중국음식점을 차리는 경우가 많아졌다. 초기에는 한국인주인이 중국인들을 고용해서 중국식품을 들여놓고 판매 보조를 시키는 경우가 대부분이었지만, 이주가 장기적으로 진행되면서 한국에서 돈을 번 중국인들이 직접 상가를 임대하여 운영하기도 한다.

이러한 상권의 변화로 인해 원주민들을 대상으로 운영되던 상점은 수요의 감소로 인해 원곡동을 떠나거나 이주노동자들에 맞는 업종으로 변화될 수밖에 없었다. 원래 원곡동 주택사거리는 "먹자골목"으로 불리던 곳이었다. 이 지역은 내국인들을 대상으로 하여 갈비나 전골 등 다양한 한식음식점이 많이 분포하던 곳이었다. 근처의 반월공단과 시화공단에 다니는 공장직원들의 회식장소로 이용되던 곳이었다. 그러나 지금은 몇몇 집을 제외하고는 대부분 다른 업종으로 변경되었다. 그나마 명맥을 유지하고 있는 식당들의 경우에도 손님이 많이 줄어들어서 가게를 운영하는데 어려움을 겪고 있는 실정이다.

이러한 상권 변화에 대한 반응은 원주민들이 지니고 있는 사회경제적 여건에 따라 다른 양상으로 나타났다. 외국인 이주노동자들을 상대로 하는 상점이나 임대업에 종사하는 사람들은 늘어나는 외국인들 덕분에 이익을 보게 되었다. 그들은 외국인들이 들어온 것이 자신

[그림 5] 국제전화가게 (저자 촬영)

들의 경제적 이익을 증가시켜주는 계기였다. 그러나 이곳에서 이익
활동을 하는 것이 아니라 주거지로 살고 있는 원주민들에게는 반가
운 일이 아니었다. 주 고객이 이주노동자들로 바뀌고 내국인들을 위
한 상점이 줄어들면서 주민들이 원곡동에서 소비할만한 곳을 찾는
것은 어려운 일이 되었다.

[사례 II-4]

"먹을 것도 다 외국인들 입맛에 맞춰서 치킨도 맛있게 생겨서 가보면 카
레 냄새가 나. 분명 치킨집인데 카레 냄새가 나더라고. 양고기니 뭐니
슈퍼에서 그런 거 팔고, 오리 알을 울 엄마가 키위인줄 알고 그걸 사갖고
온 거야. 오리 알을 왜 사왔어? 그랬더니, 엄마가 이게 오리 알인데 포장
에 그림이 그려져 있는데 오리 알을 잘라놓고 나면 키위모양으로 보이니
까 사온 거더라고. (웃음) 음식도 죄다 그렇고, 슈퍼도 한국 사람이 운영
하는 슈퍼 별로 없어. 우리나라 슈퍼는 백 원에 십 원씩 깎아주잖아. 여기

는 절대로 그런 거 없어. 닭도 노계를 가져다가 싱싱한 거라고 속여 팔아놓고. 덤터기 씌우고 기껏 사가지고는 질겨서 먹지도 못해 버렸어." (노희선, 31세, 여)

"친구나 손님이 찾아와도 나가서 먹을 데가 없어. 동네 구경시켜주고 할데도 없고. 다 불편한 거거든. 차 한 잔, 과일 살 곳, 밥 한 끼가 해결이안 되니까. 그러면 불편한 걸. 다른 이점이라도 있어야 되는데 좋은 점이없어. 다른 동네는 더 좋아지려고 하는데. 여기는 불편함이라도 안 느끼게 해소가 되었으면 좋겠는데." (박란희, 55세, 여)

이주노동자들이 먹는 음식들은 기름에 튀기거나 향신료를 많이 넣기 때문에 원주민들의 입에 맞지 않는다. 원주민들에게 있어서 향신료가 들어간 음식을 사먹거나 외국음식점에서 음식을 사먹는 일은 특별한 경우에 해당된다. 실제로 원곡동 지역에서 원주민들을 위한 찻집, 다양한 종류의 프랜차이즈 업소들은 찾기가 힘들다. 외식을 하기 위해서는 신 상업지역인 고잔동 등지로 나가야만 하는 불편이 있다.

그리고 이 지역의 상권이 이주노동자들로 인해서 회복되었지만 같은 수의 내국인들만 거주할 때보다는 상대적으로 구매력과 질에서 차이가 난다. 그들은 돈을 아끼기 위해 싼 물건을 찾기 때문에, 채소나 과일, 생선, 육류, 의류 등 물건의 질이 다른 지역에 비해 낮지만 저렴한 제품들이 공급되고 있다. 원주민의 입장에서는 질 좋은 식·제품을 가까이서 구하기 어려워진 것에 대해서 불만을 호소한다.

둘째, 공단 취직에도 변화가 생겨났다. 이제 반월공단에는 외국인들이 많이 취업하게 되면서 원곡동에 살고 있는 원주민들이 일할 수 있는 취직자리가 줄어든 것이다.

"일을 알아보러 갔는데 여기는 우리나라잖아요. 한국분이세요? 물어보는 거예요. 반장, 부장, 과장만 한국 사람들이고 나머지는 다 중국 사람들이 더라고요. 일을 다 중국 사람하고 해야 되니까 한국 사람들은 혼자 멀뚱 멀뚱 있어야 되고. 말을 붙일 수가 있나. 한국인이어야 되는데. 옆에 있었던 여자는 중국인인지 뭔지 모르는데 말을 자꾸 걸어 반장이 어쨌느니. 그래서 반나절 있다가 언니 나 집에 가요 그러고서는 나와 버렸잖아."
(노희선, 여, 31세)

3D업종 기피 현상에도 불구하고 여전히 공단에 취직하고 싶은 한국인들은 저임금의 이주노동자들의 점령이 달갑지 많은 않다. 노희선 씨와 같은 원주민들은 일자리가 있어도 이주노동자들 사이에서 "이방인"처럼 일해야 하는 상황이 발생하는 것이다. 단순히 물리적인 자리의 유무를 넘어서서 정서적으로도 일자리를 구하기가 힘들어지게 되었다.

셋째, 주택구조의 변경이 일어났다. 임대업에 종사하는 사람들은 늘어나는 수요에 따라 더 많은 이익을 얻기 위해 자신들의 건물을 원룸형식이나 고시원의 형태로 변경하였다. 이러한 형태의 주택 수요의 증가는 임대업을 하는 사람들에게는 이익을 가져다주었다. 하지만 교통이 편리한 점을 살려 원곡동에 거주하고 싶은 사람들이나 이곳에서 이사와 거주하면서 장사를 하는 사람들에게 방 한 칸은 너무 협소했지만, 방 두 칸짜리는 구하기 어려웠다. 따라서 독신이 아닌 부부와 자녀까지 이루어진 가족에게 원곡동은 살 만한 공간이 될 수 없었다.

넷째, 이주노동자의 유입은 원곡동 교육 여건에도 많은 변화를 가져왔다. 안산의 초기개발 지역이었던 원곡동은 다른 어느 지역보다 젊은 세대와 아이들로 넘쳐나는 공간이었다. 그러나 산업구조 변화로 인해 내국인들이 원곡동을 많이 떠나게 되면서 아이들의 시끌벅적했던 소리는 원곡동에서 사라져버리고 그 자리는 이주노동자들로 채워지게 되었다. 원곡초등학교는 한창일 당시 90학급에 학급당 인원도 많았지만 이제는 학급당 인원도 그 때의 절반 수준이고 학년당 3-4반, 전체 20학급으로 줄어들었다. 원곡초등학교 선생님의 이야기에 따르면, 이는 자연감소와 학교 수의 증가를 고려한다고 치더라도 큰 규모로 줄어든 수치다. 안산 타 지역 초등학교의 인원수가 적어도 2,000명 이상이고 학급수가 학년 당 평균 10개임을 감안해 보았을 때 절반 정도의 인원밖에 되지 않는 수준이다[9].

학생 수가 줄어들면서 원곡동에서 학생들을 위해 할애되었던 많은 공간들이 사라졌다. 여러 개였던 문방구와 분식집들은 학교 앞에 한두 개 정도만 남았다. 원래 고등학생들을 위해 운영되던 독서실은 고시원으로 바뀌고, 고시원의 주 고객은 이주노동자들이다. 이 지역에는 학생들을 위한 학원이 없다. 교과목을 위한 보습학원이나 태권도, 피아노 등의 특기활동 학원을 가기 위해서는 버스를 타고 몇 정거장 가야만 한다. 요즘 초·중학생들이 적어도 서너 개의 학원을 다닌다는 것을 감안하였을 때, 이 지역에서는 자녀들을 위한 사교육의 기회가 편리하게 제공되고 있지 못한 것이다. 게다가 원곡동은

---

9) 연구지역에 위치한 원곡초등학교는 전교생이 833명인데 반해, 다른 지역에 위치한 학교들-상록구 상록초등학교 2,431명 각 학년 당 10-11반 정도, 단원구 화랑초등학교 각 학년 당 9-10개 학급 2,204명 정도-은 약 두 배가 넘는 인원을 보유하고 있다. 학교 규모는 오히려 원곡초등학교가 크지만 유휴시설이 많다.

아이들이 마음 놓고 뛰어놀 공간 또한 없다. 아이들의 놀이공간인 놀이터나 공원은 이미 노숙자들이나 이주노동자들의 공간으로 변해 버린 지 오래이기 때문이다.

원곡동 아이들에게는 학습할 수 있는 곳도, 뛰어놀 공간도 주어지지 않고 있다. 다양한 국가 출신의 사람들을 만날 수 있는 다문화주의적인 열린 공간이지만, 다른 한편으로 원곡동에서의 외국인 이주노동자들의 위법 행위는 아이들 교육 여건 상 좋지 않은 볼거리가 되고 있었다. 원주민들의 유출로 악화된 교육여건은 자녀를 둔 학부모들이 연쇄적으로 떠나는 악순환을 불러왔다. 결국 안산의 최고의 명문으로 꼽히던 원곡고등학교는 고교입시경쟁률이 낮은 학교가 되었다.

이제 원곡동에 남은 원주민들은 임대업자, 상인들과 공단노동자 계층, 기초생활보호대상자로 지정된 저소득 가구 및, 노인들이다. 상업, 주거나 교육여건의 변화로 불편을 겪는 사람들은 원곡동을 떠난 지 오래다. 이곳을 지키고 있는 사람들은 중년이 넘은 소규모의 자본을 가진 상인이나 임대업자들로, 이들 중 많은 이들은 안산신도시가 조성될 당시부터 원곡동에 살아왔다. 이들은 이미 자녀교육을 마쳤으며, 타 지역으로 이주해서 새로운 것을 시작하기에는 늦었다고 생각하기 때문에 원곡동의 변화된 환경 속에서 벗어나지 않고 살고 있다. 원곡동을 단순히 주거공간으로 생각하고 출퇴근하는 사람들보다는 장기간 거주하면서 경제적 기반을 원곡동에 두고 있는 상업이나 임대업에 종사하는 원주민들이 이 동네에 관심을 갖고 참여하는 주요한 집단이다. 원곡동에서 이들은 이주노동자들과 경제적으로도 연관되어 있을 뿐만 아니라 영향력을 행사할 수 있기 때문에, 유입 이후 발생한 지역 현안에 적극적으로 대응하려고 한다.

외국인 이주노동자들이 집중적으로 거주하는 지역이 바로 원곡동이 되었고, 원곡동 근린 환경의 변화는 외국인 이주노동자들에게는 편리를 제공하지만 원주민들에게는 여러 방면에서 장단점을 가져오게 되었다. 따라서 이주노동자 중심 소비상권과 주거공간의 변형으로 지역경제는 되살아났지만, 원주민들에게는 살기 불편한 공간이 되어버렸다. 또한 다른 문화적 배경을 가진 사람들, 원주민의 입장에서 "이방인"들의 유입은 근린 환경의 차원을 넘어서는 두려움(urban fear)을 불러일으키는 변화였음을 다음 장에서 이야기하고자 한다.

III

외국인 이주노동자에 대한
원주민의 두려움

이주민에 대한 두려움의 이미지는 미디어의 엄청난 파급력에 의해 사람들의 인식에 영향을 끼친다(Glassner 1999). 이 장에서는 미디어에서 이주노동자와 그들의 거주지에 대한 두려움의 이미지가 어떻게 재현되고 있는지에 대한 분석을 바탕으로, 이주노동자들과 함께 생활하고 있는 원주민들은 이러한 이미지를 어떻게 받아들이고 해석하는지를 실제생활 속에서 나타나는 양상들을 바탕으로 살펴보겠다.

1. 미디어에 재현된 외국인 이주노동자의 이미지

미디어에서 재현되는 외국인 이주노동자의 이미지는 그들이 한국사회 내에서 갖게 된 사회경제적 지위와 밀접하게 연관되어 나타난다.

1980년대 후반, 외국인 이주노동자들은 한국으로 들어오기 시작했다. 초기에는 합법적인 취업비자를 받아서 국내로 입국한 것이 아니었다. 중국동포들은 단기 친지방문비자나 밀항을 통해, 동남아시아

노동자들은 단기체류무비자입국절차나 관광 비자를 받아 입국하였다. 그들은 체류목적과는 관계없는 비자를 받아 한국에 입국한 후 불법으로 취업한 것이다. 당시 미디어에서 '이주노동자'들을 부르는 명칭은 '외국인불법취업자'였다. 미디어에서 다루어지는 '외국인불법취업자'에 대한 보도 내용은 밀입국하다가 적발된 외국인들 또는 이들의 유입으로 인해 발생한 범죄 등에 관한 보도였다. 1990년대 초반까지는 이들의 인권보다는 '불법적인 신분'으로 저지르는 위법행위에 관한 내용보도가 주를 이루었다.

1991년 11월 산업기술연수생제도가 도입되면서부터 이주노동자들은 합법적인 형태로 한국에 입국했다. 그러나 연수생은 정식 노동자로 인정받지 못했기 때문에, 단기 저임금 노동에 퇴직금을 받지 못하는 열악한 처지였다. 연수생들은 장기 고임금 체류를 위해 작업장을 이탈하기도 했다. 또한 연수생 제도는 아주 제한적인 국가의 제한적인 인력만 수출하였기 때문에 이전부터 지속되어오던 '불법취업자'의 수는 줄지 않고 증가하였다. 이 시기에 이르러서는 연수생의 신분으로 한국 땅에 들어와 작업장을 이탈한 사람들과 관광비자로 입국한 사람들을 합쳐서 '불법체류자'라고 부르기 시작하였다. 이후에 이들을 통칭하여 '외국인노동자'로 부르기 시작하였으며, 시민단체들을 중심으로는 '외국인 이주노동자'라고 불러야 한다는 논의가 일기 시작했지만 아직도 정부에서는 '외국인근로자'라고 공식적으로는 부르고 있다[1].

---

1) 본 논문에서는 '외국인 이주노동자'라는 명칭을 기본으로 하되 상황에 맞추어 외국인노동자 또는 이주노동자라는 명칭을 혼합해서 사용하고 있다.

2004년 8월 고용허가제가 도입되기 이전까지 그들은 '노동자'의 신분이 아니었기 때문에 한국사회 내에서 법적·제도적으로 권리를 보장받을 수 있는 범위를 벗어난, 소외된 지위를 가진 사람들이었다. 이러한 이주노동자들의 불안정한 지위는 단기적이고 일회성의 저렴한 인력순환을 목표로 했던 정부의 정책이 불러온 결과였다. 한국사회의 사람들의 인식 속에는 정부정책에 의해 형성된 이주노동자의 이미지가 자리 잡게 되었다.

[사례 III-1]

"외국인을 피상적으로 보지 말고, 국민의식, 정책적으로 바라봐야 된다고. 돈 벌러 온 사람이라는 것을 인식해야지. 그들이 약속을 지키지 않으면 내보내야 하는 거야. 외국인들이 연수생으로 들어와서 2년 계약해서 약속은 안 지키고 더 많이 주는 회사로 가버리는 현상이 발생하는데. 약속을 안 지킨 사람들에 대해서는 본국으로 송환시키는 게 맞지. 비숙련공의 상태에서 시작할 때는 돈을 많이 줄 수가 없는 건데 그런 건 생각 못하고 더 많이 주는 곳으로 가버리더라고. 사실 외국인들은 일도 열심히 안 해. 특히 중국인들 중에서는 시간만 때우고 일을 열심히 일을 안 해. 우리나라에서 외국인노동자를 도입한 것은 해외인력을 싸게 쓰려고 시작한 건데 외국인들은 능력도 안 되면서 더 받아가려고 난리야. 요 앞 수도꼭지 만드는 공장에서 일했던 중국인들도 마찬가지야. 일 배우고 나니까 돈 조금 더 주는 데로 옮기려고 하고 말이야." (김기순, 남, 50대 중반)

한국사회에서 이주노동자를 정식 노동자로 인정하지 않는 상황은 사람들의 사고방식에도 고스란히 반영되어 있다. 김기순 씨를 비롯한 원주민들은 부당한 저임금 노동착취, 인권침해가 이루어지는 열악한 노동여건을 비판하기보다는 작업장을 이탈해 불법체류자가 된 이주노동자들을 비난한다.

이들은 합법적으로 한국 내에서 노동하거나 거주하고 있지 않기 때문에 애매한 위치에 놓이게 되었을 뿐만 아니라 비정상적인 존재로 간주된다. 이들처럼 틈새의 위치에 있는 사람들은 완전한 구성원이 아니라 침입자이며, 위험한 힘을 휘두를 수 있기 때문에 경계의 대상이 된다(Douglas 1966). 이러한 사람들은 소외된 채로 남아있고, 신뢰할 수 없는 사람들로 간주되고, 부정적인 사회적 평가(attributes)를 소유하고 있기 때문에, 원주민들은 이러한 위험한 사람들로부터 자신을 방어해야 한다고 생각한다.

이주노동자와 관련한 뉴스보도의 많은 부분이 이주노동자관련 범죄라는 사실 역시 미디어에서 다루어지는 그들에 대한 위험이나 두려움, 부정적인 인식을 증명한다.[2] 이러한 인식의 배경에는 그동안 한국사회 내에서 인정받지 못했던 이주노동자들의 비공식적인 지위가 큰 영향을 끼쳤다고 볼 수 있다. 그들에 관한 보도내용 중 다음으로 자주 이슈화되는 것은 인권에 관한 내용으로, 인권 침해에 관한 보도 역시 이주노동자의 불명확한 신분과 밀접하게 상호작용하는 측면이 있다. 그러나 미디어에서 인권보도보다 범죄보도가 많이 등장한다는 사실은 대중들이 이주노동자들에 대해 부정적인 편견을 심어줄 계기가 증가함을 의미한다.

또한 이주노동자들을 판단하는 기준에는 그들이 경제적 수준이 낮은 국가에서 온 가난한 사람들이라는 평가가 작용하고 있다. 그 배경

---

2) 이주노동자 관련한 뉴스 보도 내용은 이주노동자관련범죄(47.1%), 인권 (23.1%) 등의 순서로 나타났다(윤태선 2002).

에는 그들을 "못 사는 나라 출신의 도와주어야 할 불쌍한 사람들"로 보는 미디어의 시선이 존재한다. 따라서 이주노동자들이 보이는 행동들은 "예의 바르지 못하거나", "게으르거나", "야만적"이거나, "함부로"이거나, "질서 잡히지 않은 위험한" 것으로 여겨진다. 그리고 다른 사회문화적 배경을 지닌 이주노동자들의 유입은 한국사회나 원주민들에게 있어서 폭력이나 범죄의 차원에서의 두려움을 넘어서, 문화적으로 다른 집단의 침입에 따른 위협과 두려움으로 받아들이는 측면이 존재한다. 미디어에서도 드러나는 시선과 태도는 사람들이 이해하고 받아들이려는 노력을 기울이게 하기보다는 "이방인" 집단으로 두려움을 주는 존재들로 치부하고 거리를 두도록 만들어 버리는 것이다.

이주노동자들이 지니고 있는 불안정한 지위와 그들을 바라보는 시선은 이주노동자집단에만 투영되어 나타나는 것은 아니다. 이주노동자들이 집중적으로 거주하는 이주노동자 집단거주지를 바라보는 시선 역시 이와 별반 다르지 않다. 그러면 안산 원곡동의 외국인 이주노동자 집단거주지는 미디어와 공식 담론에서 어떻게 이미지화되고 있는지를 우선 살펴보자.

첫째, 언론에서는 원곡동을 에스닉상점과 에스닉음식점 등이 즐비한 이국적인 공간으로 다룬다. 월간잡지에서부터 다큐멘터리, 뉴스의 기획보도에 이르기까지 이곳은 다양한 나라의 음식을 맛 볼 수 있는 '맛집 거리'로 소개된다. 둘째, 인권의 사각지대에 놓인 이주노동자들이 도움을 받을 수 있는 외국인지원 시민단체가 위치한 곳이 바로 원곡동이다. 이와 관련해서는 주로 방송에서 다큐멘터리로 다루어지는데, 이주노동자들이 어떻게 원곡동에서 살아가는지를 시민단체와의 연관성 속에서 보도한다. 내용은 그들의 열악한 작업환경과 불법체류자 단속으로 인해 피해를 입는 이주노동자들의 모습, 그들만의 세계를 만들어가는 이주노동자들의 삶 등에 대한 것이다. 마지막으로 미디어에서 재현되고 있는 원곡동은 '게토화된 이주노동자들의 공간'으로, 이주노동자와 관련하여 원곡동에서 발생하고 있는 문제점에 대한 것이다. 원곡동에는 이주노동자들뿐만 아니라 원주민들이 함께 살고 있는 곳이다. 다른 문화를 가진 다양한 출신국의 이주노동자들뿐만 아니라 원곡동에서 이미 살고 있던 원주민들이 근린에서 함께 살아가고 있는 지역인 것이다. 이러한 다양한 사회문화적 배경에서 살아온 사람들이 함께 거주하는 원곡동은 이주노동자들끼리 뿐만 아니라 한국인들과 차이 등으로 인한 갈등을 겪을 수밖에 없다고 보도된다.

[사례III-2]

– 한국 속의 외국: 안산 원곡동 국경 없는 거리 –

(2006년 4월14일 'M'방송사 뉴스보도자료)

▸ 앵커 : 코리안 드림을 꿈꾸는 외국인 노동자들, 저녁이면 국적과 상관없이 한데 어울려서 외로움을 달래는 곳이 있습니다. 그래서 국경 없는 거리라는 이름까지 붙여졌습니다만은 아직도 우리는 그들과 국경을 허물지 못하고 있습니다. 현영준 기자가 다녀왔습니다.

▸ 기자 : 주말 저녁 안산시 원곡동 일명 국경 없는 거리는 아시아 각국에서 건너온 사람들로 북적거립니다. 국적으로 치면 중국과 스리랑카, 몽골 등 20여 개국이 넘고 그래서 상점 간판도

사람들의 피부색깔도 가지가지입니다. 평일에는 좀처럼 시간 내기가 어려운 이들은 주말에야 먹고 싶은 것을 찾으러 다닙니다.

▸ 기자 : 무슨 음식 샀어요?

▸ 이주노동자 : 중국, 중국요리······. 중국요리, 중국요리 맛있어요.

▸ 기자 : 이런저런 이유로 고기를 가려먹는 사람들이 많아 동네 정육점에서는 닭고기가 가장 잘 팔립니다. 먹거리 못지않게 인기 있는 곳은 국제전화를 걸 수 있는 콜센터. 고국에 있는 식구들 목소리만 들어도 표정은 밝아지고 인터넷 화상전화로 보고 싶은 얼굴들을 만나기도 합니다.

▸ 이주노동자 : (2년 동안 떨어져 있는 아들 통화를 하고 있다.)

▸ 기자 : 고향음식과 국제전화, 그리고 병원과 교회 등 원곡동 거리에는 객지생활에 지친 외국인 노동자들에게 필요한 거의 모든 것들이 구비되어 있습니다.

▸ 기자 : 원곡동에 오는 이유는?

▸ 이주노동자 : 이곳에는 도움 받을 수 있는 교회도 있고 또 많은 편의 시설들이 있어요.

▸ 기자 : 그러나 밤이 깊어질수록 원곡동 국경 없는 거리에서는 한국 사람들을 찾아볼 수가 없었습니다. 4만여 명의 아시아인들에게 원곡동을 내준 지역주민들은 불안함을 감추지 못합니다.

▸ 원주민 : (애들한테) 조심하라고 하죠. 저녁 늦게 오지 말라고. 저녁 늦게 다니면 외국 사람이 한두 나라가 아니고 여러 나라 사람이기 때문에 무서워요.

▸ 기자 : 말과 문화가 다르고 무엇보다 생김새가 다른 외국인들이 급증하면서 이들에 대한 오해와 편견도 함께 커가고 있습니다.

▸ 시민단체 관계자 : 이곳에 외국인이 존재하기 때문에 범죄가 일어난다기보다도 여기에 사람이 살기 때문에 범죄가 일어난다고

생각해요. 여기 원곡동 이외에, 국경 없는 마을 이외에 다른 지역에서도 범죄는 동일하게 일어나고 있고.

▸기자 : 아시아 모든 나라의 노동자가 모여 사는 아시아의 용광로 원곡동. 이 거리 인파 속에 한국 사람들이 자연스럽게 섞일 때 편견과 오해의 벽을 깬 진정한 국경 없는 거리가 들어설 겁니다.

이 사례는 이주노동자거주지에 대해 한국사회에서 재현되고 있는 양상을 아우른다. 보도기사에서는 이주노동자들이 두려움의 대상으로 묘사될 뿐만 아니라 이방인과의 동거로 인해 발생할 수 있는 잠재된 위험과 두려움을 나타내는 상황을 강조한다. 이는 뒤에 시민단체 관계자의 반론과 관계없이 이미 사람들의 인식 속에 잠재적인 위험에 대한 불안을 심어준다. 그러나 부정적인 측면만 강조한 채 기사를 마무리 짓지는 않는다. 원곡동은 이주노동자들과 함께 살아가는 다문화주의적인 시도의 한 예로, 긍정적인 측면에서 보도되기도 한다. 그리고 이 지역 문제들이 사람 사는 곳 어디서나 발생하는 문제들이라는 보편성을 언급하고는, 결론적으로 오해와 편견을 해소해야 한다고 주장한다. 그러나 그 이면에 존재하는 갈등과 그 갈등의 중심에는 이주노동자가 가해자로 주민들이 피해자로 보도되는 현실을 내비친다. 똑같이 범죄나 두려움에 대한 보도가 이루어지더라도 '이주노동자들의 공간'으로 구별되는 원곡동은 다른 내국인거주지에 비해 사람들의 뇌리에 강하게 인식된다.

여기에서 원주민들은 자신들의 거주지가 위험한 곳으로 보도되는 것에 대해서 반감을 가지고 있다. 이는 자신들과 살고 있는 지역에 대한 평가와 직결되기 때문이다. 다른 한편으로 원곡동 원주민들 중 이주노동자에 대해 부정적인 인식을 가지고 있는 사람들은 오히려 미디어가 그들을 긍정적으로 바라보기 때문에 위험한 현실이 은폐된다고 주장하기도 한다.

이러한 보도 경향은 다른 계급의 외국인 마을의 보도 경향과 대조를 이룬다. 서울 중에도 동부 이촌동의 일본인촌, 서초구 서래마을 프랑스인촌 등이 미디어에서 다루어지는 성향은 서울의 가리봉동[3]이나 이곳 원곡동과는 사뭇 다르다. 이주노동자들은 가난한 한국에 돈을 벌기 위해 온 사람들로 열악한 환경 속에서 거주하며 주민들에게 두려움을 주는 집단이지만, 부유한 중산층의 전문직으로 구성된 일본인이나 서양인들이 사는 마을은 부러움의 대상으로 지목된다. 한국인들은 외국인들을 위한 국제학교로 아이들을 보내고 싶어 하며, 주말에는 일식 · 프랑스식의 고급 레스토랑으로 외식을 간다. 2006년 여름, 서래마을에서 발생한 프랑스인 부부의 영아살해사건에 국민 모두가 경악했다. 하지만 이러한 보도 때문에 서래마을 프랑스인촌이 범죄가 만연하는 공간으로 낙인화되지는 않는다. 그러나 이주노동자 거주지에서 발생한 사건은 확대되고 부풀려져, 이곳은 항상 위험의 가능성이 상존하는 공간으로 그려진다. 이러한 차별적인 보도의 아래에는 낮은 사회경제적 계층에 속할 수밖에 없는 이주노동자의 지위가 숨어있다.

이주노동자는 하나의 단일한 집단이 아니다. 합법체류자일수도 불법체류자일수도 있으며, 직장이 있을 수도 실직 상태 일수도 있으며,

---

3) 서울의 '조선족 거리'로 불리는 가리봉 역시 원곡동에 대한 보도와 크게 다르지 않게 나타난다. 차이점이라면 이 지역은 조선족이 '우리 동포'라는 특징에 의해 특수하게 나타나는 문제들이 추가된다.

인권침해를 당한 피해자일수도 있고 범죄를 저지른 가해자일수도 있다. 그 뿐만 아니라 성별, 생활수준, 거류기간 등 수없이 많은 기준으로 나뉜 복합적인 집단이다. 그러나 어느 새 미디어에서 이주노동자는 '불법체류자'나 '범죄자'라는 꼬리표가 붙여진 하나의 거대한 집단으로 돌변한다. 그러한 이미지는 미디어에서 끊임없이 재현되고 사람들은 무의식중에 그러한 표상들을 받아들이게 된다.

원곡동의 이주노동자 집단거주지 역시 내부의 다양한 모습들이 간과된 채 고정된 지역에 대한 이미지가 생산·순환되는 과정이 반복되고 있다. 그 중에서도 한국사회에서는 '애매한 지위의 이방인'이 거주하는 지역에 대한 부정적인 이미지가 지속적으로 나타난다. 그러나 원곡동은 이주노동자들과 원주민들이 더불어 살아가고 있는 삶의 공간이라는 점에서 몇 가지 단순화된 이미지들로만 환원될 수는 없다. 이주노동자들과 실제로 함께 생활하고 있는 원곡동 내국인주민들에게 있어서 미디어에서 재현된 모습들은 실제 생활과 일치하는 부분도, 일치하지 않는 부분도 존재할 것이다. 미디어에서 재현된 이주노동자와 원곡동에 대한 이미지는 실제 생활 속에서 원주민들에게 일정부분 영향을 끼치고 있으며, 그들만의 방식으로 반영되며 재해석되고 있다. 2절에서는 원곡동이 두려움의 공간인지, 그렇다면 왜 그러한지를 원주민들의 말과 생활을 통해서 분석하겠다.

2. 두려움의 공간, 원곡동

외국인 이주노동자들의 유입은 지금까지 내국인들의 이동으로만 제한되어 왔던 한국사회의 이주경향에서는 급격한 변화다. 이는 이주노동자 집단거주지가 된 원곡동에서도 예외가 아니었다. 공단 형성으로 다양한 지역 출신의 외지인들로 붐비던 원곡동이었지만, 이번의 경우는 이전과는 아주 달랐다. 이제껏 경험한 적이 없고 예상이 불가능한 다른 문화, 인종, 계급을 지닌 새로운 다수의 진입자들과 함께 살아가야 하는 상황이 발생한 것이다.

유입 초기였던 1990년대 중반, 원곡동 원주민들은 이주노동자에 대해 어색해했지만 호의적인 입장이었다. 주민들이 생각하기에 아직 소수여서 커다란 세력을 형성하고 있지 못하고, 상대적으로 어려운 입장에 놓여있던 이주노동자들을 도와주려는 배려가 있었다. 또한 당시에는 전국적인 산업구조개편의 바람을 타고 제조업분야의 침체를 벗어나지 못하고 있던 반월공단에 노동력을 공급하고, 원곡동의 상권과 임대업을 되살리는 역할을 담당하기 시작했기 때문이기도 했다.

한국사회에 이주노동자들이 본격적으로 유입되기 시작한 이후로, 원곡동은 원주민들은 점점 줄어드는 반면에 이주노동자들은 증가하기 시작하였다. 원곡동에서는 거리에서, 상점에서, 어디에서든 내국인보다는 외국인들을 더욱 자주 만나게 되었다.

급격한 "이방인"의 증가는 원주민들에게 두려움을 불러일으켰다. 특히 이주노동자들이 가장 많았던 시기는 2002년 전후였다. 원주민들은 "3-4년 전"에 원곡동이 가장 시끄러웠다고 회상한다. 당시에는 평일 낮에도 이주노동자들이 많아서 이 지역을 지나다니다 보면 10

명 중에 7-8명은 외국인이고, 한국이 아니라 오히려 외국에 온 기분이 들 정도였다고 한다. 한국에 살고 있음에도 불구하고 자신의 나라라는 느낌이 들지 않는 곳이 되어버린 것이다.

다양한 사회문화적 배경을 지닌 이주노동자들과 원주민이 원곡동이라는 한 공간에서의 동거는 많은 사건과 갈등을 유발했다. 내국인과 외국인 간의 다툼이 생기고, 외국인 집단 간 갈등이 일어나기도 하고, 외국인들 집단 내에서도 불화가 발생했다. 내외국인 간의 갈등은 문화적 차이나 경제적인 격차로 인해 발생하였다. 원주민들과 경찰관들의 진술에 따르면, 상대방의 문화를 잘 이해하지 못해서 시비가 붙거나, 의사소통 상의 어려움으로 오해가 발생하기도 하였으며, 특히 내국인들은 외국인들이 가난한 나라에서 왔다는 이유로 폄하하고 무시하는 경우도 생겨났다. 외국인들 간에도 주도권 쟁탈을 위한 세력 다툼을 벌이거나 시비가 붙었는데, 각국의 폭력집단이 이러한 싸움을 일으키는 원인을 제공하기도 하였다. 또 이주노동자들의 소비와 유흥의 공간이 된 원곡동은 술 마시고 고성방가를 해대는 사람들이 늘어났다. 한국인들만 살 때보다 훨씬 시끄러워진 원곡동은 원주민들에게 "시끄럽고 위험한" 지역으로 변모하였다. 외국인 이주노동자들이 가장 많았던 2002년 당시에는 평일과 주말을 가리지 않고 사건사고가 발생하였다고 한다. 이곳은 강간이나 폭력, 살인사건이 많고 피를 매일 보는 곳이어서 안산지역 경찰들에게 있어서 "지원기피지소"로 "찍히게" 되었다.

그리고 내국인들만 사는 다른 지역에 비해 원곡동은 유난히 좀도둑이 많다. 상대적으로 경제적 여건이 열악한 나라에서 오는 사람들이 대부분이기 때문에 이미 한국에서는 생활필수품이 되어버린 가전

제품 등 여러 가지 물건들이 이주노동자의 절도품목이 된다. 따라서 내국인들만 사는 다른 지역에 비해 크고 작은 절도 사건이 많이 일어나게 되고, 이러한 사태를 막기 위해 주민들은 더욱 더 문단속과 빨래나 물품 등에 대한 점검을 열심히 하고 있었다.

내국인들만 사는 지역에도 범죄는 발생하는데 유독 원곡동 원주민들이 두려움을 느끼는 이유는 무엇일까. 이는 외국인 이주노동자가 처한 특수한 상황 때문이다. 첫째, 경찰들도 수사의 애로사항을 지적하면서 말하는 현실적인 이유는 외국인들은 신원파악이 어려워 범죄를 저지르고 나서 검거하기 힘들다는 점이다. 내국인들은 열 손가락 지문이 정보화되어 있기 때문에 범죄를 저지르는 경우에 조사를 통해서 신원을 파악할 수 있지만, 외국인들은 검지만 등록하고 들어오기 때문에 범죄가 발생하더라도 지문 확인이 어렵다. 그래서 내국인의 경우에는 지문이 발견될 것을 두려워하여 지문이 남지 않도록 범행을 저지르는 데 반해, 외국인들은 거리낌 없이 지문을 남기고 사라진다. 때문에 지문이 남아 있어도 등록된 지문이 아니기 때문에 확인 불가능한 정보로 인식되는 경우가 허다하다. 게다가 원곡동에서는 민원을 수용하여 CCTV를 설치했음에도 불구하고 CCTV 화면에 나온 외국인에 대해서는 신원을 밝혀내기가 어렵다. 즉, 외국인을 알아볼 수 있는 사람이 없기 때문에 이러한 상황에서 범죄를 저지른 외국인들이 고국으로 도망가면 사건은 미해결로 남는다. 범죄의 사각지대가 되어버리는 것이다. 따라서 외국인 이주노동자들로 인해 발생되는 범죄율이 그다지 높지 않음에도 불구하고 이러한 요인들로 인해 두려움을 더욱 조장하는 측면이 있다. 2006년 1월에 발생한 이발소 여주인 살인사건의 경우, 범행을 저지르는 과정에서 지문을 숨기려

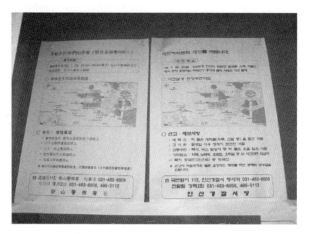
[그림 6] 사건 용의자 수배 전단지 (저자 촬영)

고 하지 않은 것으로 보아 범인을 이주노동자 남성으로 추정하고 범
인제보 유인물을 인쇄하여 지역사회에 배포하기도 하였다.

둘째, 외국인 이주노동자들의 불안정한 지위는 원주민들이 두려움
을 느끼는 주요한 심리적인 요인으로 작용한다. 특히 미디어에서는
이주노동자 중에서도 '불법체류자'들은 정식 취업이 보장되지 않는
상황 때문에 생활여건이 어려워질 수 있고, 정신적으로는 불안감을
느끼기 때문에 범법행위를 저지르기 쉬운 존재로 그려진다.

[사례 III-3]

▸ 연구자: 외국인 이주노동자에 대해서 어떻게 생각하세요?

▹ 이광수(남, 58세): 별다른 느낌은 안 들어. 불법이면 몰라도 그 외에는
크게 그렇지 않아. 좋은 사람은 좋지. 최대 막다른 상황이라는 게 더
중요한 거 같아. 불법취업자들이 직장 못 잡아 생활이 어려우면 사고치
고 일부러 잡혀 들어간다고. 그러면 자동으로 본국에 송환될 테니까.
일거리가 그만큼 있으면 돈 벌면 되는데, 일이 없어서 다른 곳으로 간

다는 세든 외국인이 있었어. 화성이나 당진 쪽으로 잠적하면 찾기도 힘드니까 불법취업자들이 잠수를 타는 거야. 숨어서 일하는 사람이 있고, 일 없으면 사고 일부러 쳐서 본국으로 송환되는 사람이 있는데 후자에 재수 없게 걸리지 말아야 하는 거지. 불법취업자는 잡아도 걱정 안 잡아도 걱정이야. 공장에 노동자들이 필요한 것이 현실인데, 정식 취업자들보다 불법취업자들이 훨씬 많으니까. 우리도 걔네들 없으면 장사가 잘 안 되지.

원주민들도 불법체류자들이 지니고 있는 애매모호하고 불안정한 처지로 인해 극단적인 행동을 저지를 수 있는 사람들이라고 생각했다. 이러한 의견은 미디어에서 재현된 외국인 범죄자들의 이미지를 수용한 결과이기도 하다. 원주민들은 그들의 주변에서 일어난 사건의 범인을 "우선은 불법체류자들"이라고 가정한다. 그러나 그들이 두려움을 불러일으키는 존재임에도 불구하고 공단에서는 제조업 노동자로, 원곡동에서 주요 소비자로 위치한다는 점은 원주민들에게는 불법체류자에 대한 미디어에서 재현된 부정적인 이미지뿐만 아니라 자신들의 실제 생활에서 꼭 필요한 존재라는 점을 동시에 인식하는 양면적인 인식을 드러내기도 한다.

이주노동자들의 주변에 살고 있는 사람들은 그들도 우리와 똑같은 사람이라고 주장하면서도 동시에 애매한 방식으로 의구심을 표시한다. 원주민들은 노동자들이 자신들과 "똑같은 사람"이라는 것을 인정하고, 사람 사는 것은 다 똑같고 이해할 수 있다고 하면서도 항상 언제 위험한 존재로 돌변할지 모르는 집단으로 간주된다. 원주민들은 불법체류자의 반대편 끝에 항상 성실하고 얌전한 이주노동자의 범주를 대조군으로 차용해 이주노동자 집단 전체가 모두가 위협적인 존재는 아니라는 점을 증명한다. 그러나 불안정한 상황에 놓인 위험 인물이 될 가능성들을 이주노동자라는 집단 전체가 가지고 있다고 본다. 연구자의 조사 기간 중 발생하였던 중국인과 인도네시아 집단의 다툼에서, 인도네시아 인에 의해 중국인이 살해되는 사건이 발생하였다. 범행을 저지른 인도네시아 노동자들이 살고 있던 집 앞 슈퍼 주인은 "이들이 평소에는 매우 착하고 성실하고 인사도 잘 하는 청년들"이었다고 말한다. 하지만 그들은 주민들에게 '이방인'이었고, 살인 사건의 용의자로 지목되고 체포되는 과정을 통해 주민들의 '의구심'을 확인시켜 준 위험성을 지닌 사람들이 되어버렸다.

'범죄 말하기'(the talk of crime)[4]는 편견을 정교화하고 위험하다고 간주되는 몇 집단들의 범주의 경계 짓기를 통해서 특정한 사회적 범주를 범죄화한다. 이러한 상징적인 범죄화는 그것의 희생자에 의해 재생산되는 광범위하고 지배적인 사회적 과정이다(Caldeira 2000). "외국인" 또는 "불법체류자"가 저지른 범죄 말하기는 원곡동 원주민들에게 있어서 화젯거리이고 걱정거리이다. 위에서 언급되었던 중국인과 인도네시아인 간에 발생한 싸움과 살인사건 역시 이러한 범주에 그대로 들어맞는다. '외국인 이주노동자'가, 그 중에서도 '중국인'과 '인도네시아인'이 범죄의 주요 집단으로 회자되는 것이다. 또 그들이 싸운 "신라상회 앞 거리"는 사건사고가 많이 발생하는 구역으로 낙인찍혀 있었다. 이전에도 그 앞에서 발생한 사건이 수도 없이 많았

---

4) '범죄 말하기(the talk of crime)'는 범죄와 두려움에 관련된 내러티브, 기록, 대화, 농담 말하기를 통해 두려움에 대한 일상생활 속의 담론으로 생성되며, 그 속에서 범죄의 희생자들의 경험의 공론화를 통해 두려움을 순환하고 확산하게 만든다는 것이다(ibid.).

고, 최근에도 그 주변에서만 사건이 발생한다고 원주민들은 말한다. 그 주변에서만 사건이 일어난 것이 아님에도 불구하고 사람들은 어떻게든 모든 사건을 그 거리와 연관시키려고 하였다. 또한 원주민들은 이주노동자들을 그들의 생명에 위협을 줄 수 있는 사람들로 간주한다. 중국인들은 칼을 몸에 지니고 다니는데, 싸움이 발생하면 경찰서에 신고해서 사건을 해결하는 것이 아니라 자력으로 보복을 한다고 알려져 있다. 따라서 중국인들과는 화가 아무리 나더라도 시비가 붙지 않도록 하는 것이 원주민들 사이의 불문율이다. 동남아시아에서는 인도네시아인들이 거친 편에 속하고, 최근 들어 증가한 몽골인들은 수가 적지만 술을 잘 마시고 거칠게 행패를 부리는 경우가 발생하고 있다는 등 원주민들 사이에서 범주의 분류와 지침에 대한 조언들이 생산되고 있었다.

이러한 '범죄의 이야기'들은 사실을 반영하는 부분이 있다. 다른 국적과 다양한 사회·문화·경제적 배경을 가진 사람들이 같이 사는 공간에서는 오해나 분쟁의 소지가 발생할 가능성이 높기 때문이다. 또 이곳은 외국인 이주노동자들을 상대로 하는 유흥업소가 밀집한 지역이기 때문에 술을 마시고 주정하거나 행패를 부리는 등의 행위가 쉽게 일어날 수 있는 곳이기도 하다.

[사례 III-4]

▸ 연구자: 왜 와동으로 이사 왔어요?

▹ 부부: 거기(원곡동)는 외국사람 너무 많아서 시끄러워서 이사하고 싶다고 그러니까 회사에서 여기를 알아봐줘서 이사했어요. 여기가 살기 좋아요. 원곡동은 외국 사람이 많아서 술 먹고 싸우고 그러는데 여기는 그런 거 하는 게 없고 밤에도 무섭지 않고, 원곡동은 밤에 시끄럽고

무섭고 밤에 술 마시고 칼로 찌르기도 하고. 그런데 이 동네에는 외국인들이 별로 없어서 조용해요. (스리랑카 출신 이주노동자 부부, 한국어 능통, 원곡동에서 조금 떨어진 와동 연립주택지구 옥탑에 거주)

원곡동에 살았던 이주노동자 부부 역시도 원곡동에서 두려움을 느껴 다른 곳으로 이주했다는 사실은 단순히 원주민들만이 원곡동을 위험한 곳으로 느끼는 것은 아니라는 점을 보여준다.

그러나 이러한 주민들의 입장과 시각에는 일정부분 이주노동자를 바라보는 편견이 작용하고 있다. 범죄 말하기와 범인 범주의 정교화는 지식과 오인의 일종이다(ibid.). 사람들은 발생하는 사건의 원인제공자를 모두 이주노동자로 치부해버린다. 개인적 관계를 형성하고 있는 외국인 이주노동자들에 대해서는 긍정적인 태도를 가지고 있지만, 추상적인 집단적 범주로서 이주노동자들에 대해 이야기 할 때는 부정적인 시각을 가지고 있다. 하지만 원곡동에서 발생하는 사건들이나 위반행위는 이주노동자들 때문만은 아니다. 내국인들도 이러한 상황과 연관된 경우가 있음에도 불구하고 모든 잘못이 이주노동자에게만 있는 것처럼 그려지고 있는 것이다.

[사례 III-5]

"땟골 쪽이 위험한 동네야. 원곡동 성당 신부님이 이야기하는데 하루는 범죄가 났는데 한집 걸러 한집이 도둑을 맞은 거야. 우리나라 사람들이 편견 있으니까 외국인이 범죄자라고 그랬다는 거지. 그 사람들 불법체류자 족치면 나올 거라고. 신부님 강연이 외국인 편견 두지 말자고 하신 이야기인데. 무조건 범인은 외국 사람이라고 취조를 했나봐. 괜히 애매한 사람 잡아다가 열두 명을 강제 출국 시켰는데 알고 보니 바로 옆에 사는 한국인이 훔치고 자기가 외국인이 훔쳤다고 떠들고 다닌 거야. 신부님이 외국인이 왜? 우리나라도 외국 나가서 이런 취급을 받을 수 있다고, 우리나라 온 사람인데 보듬어야지 무조건 까발릴 라고 하면 좀 그렇다고 강연하더라고. 편견 없애자고……(중략)……

…… 남동생이 다니는 외국인이 7-8명 있는데 지난번에 내 동생이 지갑을 잃어버렸나봐. 원래는 내 동생 실수인데 카페 술집에서 식당에서 술 먹다가 덜렁거리는 성격에 놔두고 왔나봐. 그 외국인노동자보고 찾으라고 그랬나봐. 미안하지만 찾아오라고. 그날이 쉬는 날이었고 내 동생하고 술을 네 시까지 먹었대. 내 동생이 그 다음날 9시쯤 생각났더라고 하더라고 그 사람들이 가까운데 살아서 찾아보라고 그랬나봐. 만약 우리나라 사람이면 그러라고 시키면 기분이 나쁘지. 찍소리 안하고 찾으러 가고, 알고 보니 내 동생이 지갑을 집에다 놔둔 걸 몰랐던 거야. 근데 그걸 그 사람이 하루 종일 찾으러 다녔더라고. 자기가 의심 받을까봐 그런 거야. 자기네들이 한국에 온 이방인라고 생각하는 거지. 같이 할 수 없다고 생각하기 때문에 융화할 수 없고 같이 화합할 수 없다고 생각하기 때문에 저 사람들이 나를 잡아가지 않을까 생각한대. 전화했더니 첫마디가 '과장님 절대 제가 손 안 댔습니다. 그랬대. 그래서 내 동생이 알고 있다고 …….." (김현자, 여, 33세)

내국인들이 범죄를 저질렀음에도 불구하고 사람들은 외국인 이주노동자들에게 그 책임을 전가하려고 하기도 한다. 죄도 없는 이주노동자들이 범죄자로 몰리는 억울한 상황이 발생하는 것이다. 내국인들 중에서는 이 지역에서 외국인들이 부정적인 대상이 되고 있다는 점을 악용하기도 한다.

원주민들은 "이방인"인 외국인 이주노동자와 관련된 사건이 발생하게 되면 "눈길이 한 번 더 가는" 것은 부인할 수 없다고 한다. 하지만 그들도 모든 사건이 그들로 인해 발생하는 것이 아니라는 점을 인지하고는 있다. 주변에서 만난 상점의 단골손님이나 세입자들, 친구인 이주노동자들은 그렇지 않은 경우가 대부분이며, 모두 열심히 일하고 조용히 살아가기 위해 노력하고 있는 모습을 쉽게 볼 수 있기 때문이다.

그리고 '불법체류자'라는 신분적 열악함은 일탈행위의 원인으로 작용하기도 하지만 오히려 단속에 걸려서 잡혀가지 않고 지속적으로 취업활동을 할 수 있도록 아주 조용하게 질서를 더욱 철저하게 지키고 밖에도 잘 돌아다니지 않는 상황을 만들어내기도 한다. 원곡동은 내국인들 중에서도 저소득층에 속하는 사람들이 많이 살고 있는 지역이고 이주노동자들 외에도 생활고 속에서 사는 사람들이 많기 때문에, 이들도 사건의 원인이 될 가능성을 가지고 있다. 오히려 성실한 외국인들이 더욱 더 조용하게 생활하는 사람도 많다는 것을 원주민들도 인정한다.

원곡동 원주민들은 이주노동자들이 유입되어 변화한 측면도 존재하지만 기본적으로는 사람 사는 곳이라는 점에서는 다른 내국인들만 사는 지역과 큰 차이가 없다고 주장한다. 내국인들만 사는 곳에서도 다툼이나 갈등은 존재하기 마련이고 의사소통이 잘 안 이루어질 뿐이지 원곡동도 다른 지역과 다름없이 하루하루 일상생활을 해나가는 삶의 공간이다. 그래서 원곡동이 대중매체에서 특수한 공간으로 또는 부정적인 이미지로 그려지는 것에 대해서 불만을 표시하는 사람들도 있다.

▸ 연구자: 이곳이 외국인들이 많이 살다보니 사건사고가 나지 않을 수 없다던데요?

▹ 동사무소 직원: 내국인 외국인 구분 없이 사건사고가 발생하는 거예요. 그런 면에서는 이곳은 문제가 없어요. 언론에서 이슈가 되어서 그런 것이지 오히려 외국인들은 더 조용히 살려고 노력한 다구요. 사고 치면 나가야 하니까 말예요. 남들은 이 지역이 문제가 있다고 보는데 나는 아니에요. 이슈화될만한 그런 곳은 아니에요. 언론에서 너무 이슈화해요. 언론에서는 외국인들이 살기 좋은 동네로 비추어지는데, 내국인들은 이런 상황이 힘들어요. 이러한 상황 속에서는 내국인이 인접한 다른 지역으로 나가버릴 수밖에 없어요.

다 같은 사람들이 사는 동네, 아니 오히려 다른 지역에 비해 어려운 환경에 놓인 사람들이 사는 동네가 수혜지역으로 도움받기보다는 부정적으로 그려지고 낙인화되는 것에 대해서 원주민들은 안타까움을 표시한다. 그들은 또 위험하고 정이 없고 외국인들만 사는 지역이라고 오해하고 있는 것에 대해 반론을 제기하기도 한다. 오히려 속속들이 들여다보면 안산의 초기 형성지여서 소수이지만 원주민들 간에는 친목회나 동창회 등의 모임이 활발히 운영되고 있기도 하고, 이주노동자들과도 서로 바빠서 친해질 기회는 많이 없지만 매일매일 생활 속에서 마주치는 이웃에 사는 사람들이 뿐인 것이다. 원주민들은 오히려 서울에서 발생한 굵직한 살인사건이나 범죄가 대중매체에 연일 보도되고 있음에도 불구하고, 오히려 외국인 이주노동자들이 살고 있는 지역이 훨씬 위험한 곳처럼 오도되고 있는 현실에 분개한다.

미디어에서 재현되는 외국인 이주노동자와 그들의 집단거주지인 원곡동은 직접적으로 또는 은연중에 부정적으로 그려지고 있다. 이 중 일부분은 이주노동자들이 처한 상황적 측면에서 일치하는 부분도 있다. 다른 문화적 배경을 가진 사람들이 같이 살아가는 과정이 순탄하지만은 않기 때문이다. 따라서 외국인 이주노동자들은 원곡동 원주민들에게 두려움을 일으키는 존재로 인식되고 있다. 그러나 원곡동의 원주민들은 재현된 이주노동자에 대한 이미지나 두려움을 액면 그대로 수용하지는 않는다. 실제로 일상생활 속에서 이주노동자들과 만나는 원주민들은 두려움을 불러일으키는 다양한 측면들이 어떠한 부분에서 과장되었는지 또는 어떠한 부분에서는 축소되거나 다루어지지 못했는지에 대해서 구체적으로 알고 있기 때문에, 그에 맞추어 대처해 나갈 수 있기 때문이다.

　또 원주민들은 일상생활 속에서 그들과 관계를 형성해나가면서 추상적인 외국인 이주노동자 집단에서 개별적으로 인지하는 이주노동자의 범위를 확장시켜 나가고 있다. 이들은 이주노동자들과 함께 생활한 경험이 없는 외부인들과는 달리 구체적인 경험을 이주노동자들과 공유하게 되었기 때문이다. 다음 장에서는 원곡동 원주민들이 이러한 두려움에도 불구하고 외국인 이주노동자들과 함께 살게 된 원인이 무엇인지 그리고 그 과정의 구체적 양상에 대해 대해서 살펴보겠다.

IV

일상에서의 소통과
경험의 공유

Ⅲ장에서 언급하였듯이 원곡동에 사는 원주민들은 그들의 근린에 외국인 이주노동자로 인해 두려움을 느꼈다. 그들에 대한 두려움은 이주노동자들에 대한 고정관념이나 편견을 생산하여 그들로 인해 발생한 것이 아님에도 불구하고 성급한 일반화를 해버리는 경향도 있음을 발견하였다.

다른 사회·문화·경제적 배경에서 온 사람들이 함께 사는 것은 갈등을 예견하고 있는 측면이 있다. 그럼에도 불구하고 원곡동에 사는 원주민들은 그들의 터전을 떠나지 않고 외국인 이주노동자와 관계를 유지하며 살아가는 모습을 보여주고 있다.

떠나지 않고 있는 원주민들은 누구이며, 그들은 왜 원곡동을 떠나지 않는지, 새로이 들어오고 있는 사람들은 누구인지, 이들이 원곡동에서 이주노동자와 만들어나가는 관계형성을 살펴보고, 이주노동자와 일상생활에서 어떻게 마주치고 관계를 형성하는지를 알아보려고 한다. 1절에서는 이주노동자들이 원곡동의 원주민들과 어떤 계기로 관계 맺음을 시작하게 되는지를 알아보고, 2절에서는 '불법체류자단속' 사건을 계기로 변화한 원주민들의 이주노동자에 대해 변화한 태도를 살펴본다.

1. 일상에서의 소통

원곡동은 한국인 원주민보다는 돈을 벌기 위해 유입된 이주노동자 다수가 살고 있는 공간이 되었다. 이주노동자들의 생활공간이 된 원곡동의 원주민 중에는 Ⅱ장에서 언급하였듯이 근린 환경의 변화를 겪게 되면서 다른 지역으로 이주한 사람들도 생겨났다. 그러나 그 중에서 이주노동자 중심의 생활환경으로 변화하였음에도 불구하고 원곡동에서 살고 있는 원주민들이 있다. 이들 중에서는 계속 원곡동을 떠나지 않고 생활하는 사람들도 있고, 또 새로이 원곡동으로 이주한 사람들도 있다. 이주노동자 중심지역으로의 탈바꿈은 많은 수의 원주민들이 더 나은 주거환경이나 교육환경 여건을 위해서 타 지역으로 이주하게 만들었다.

남아있는 사람들은 침체를 겪고 있던 원곡동에 새로운 수요층을 형성한 이주노동자들을 상대로 이득을 보게 된 사람들이다. 이들 중에 기존에 있던 사람들의 대부분은 원래 안산 신도시가 건설되면서 공단조성을 위해서 보상을 받고 이주한 토박이 원주민들이나 소자본으로 원곡동에서 자리를 잡은 이주한 원주민들이다. 이 두 집단은 이곳에서 소규모의 주택이나 건물을 가지고 있기 때문에 세입자를 들여서 생활을 유지하거나, 이주노동자 유입 이전부터 쌀가게, 슈퍼,

음식점 등을 운영하면서 몇 십 년째 꾸준히 장사를 지속적으로 해오고 있는 사람들이다. 이들은 방이 나가네 안 나가네, 장사가 잘 되네 안 되네 말이 많아도 원곡동에서 꾸준히 자리를 지켜왔다. 이들은 80년대를 전후로 살기 시작한 사람들로, 그 중에서 젊은 연령층이 50대 이상 되었다. 자식들은 장성해서 직장을 구해서 타지로 나갔지만 그들은 원곡동에 남아있다. 왜냐하면 원곡동의 집을 팔아서는 치솟는 집값에 맞추어 아파트를 구입하기가 힘들 뿐만 아니라 설사 이사를 한다고 하더라도 생계유지를 할 수단인 건물이 사라지기 때문에 남아있게 된 것이다. 또 다른 한편으로는 원곡동에 오랜 기간 살아왔기 때문에 이 지역에 애착을 갖고 계속 살고 싶어 하는 마음을 가지고 있기 때문이기도 하다.

90년대 초반 산업 구조의 변화로 한국인들이 빠져나간 썰렁한 원곡동을 지키는 것은 이들에게는 힘든 일이었다. 방이나 가게를 세놓는 사람들은 수요가 없어서 그대로 비워두어야만 했고, 상인들은 장사가 안 돼서 가게 월세를 내지 못하고 보증금만 까먹어야 했다. 그러나 외국인 이주노동자들이 들어오고 나서는 바닥이었던 지역 경제가 회복세로 돌아서게 된 것은 그들의 입장에서는 불행 중 다행이었다. 그들은 새로운 돈벌이를 시작하기에는 이미 나이가 많아서 자신들이 유지하고 있는 사업이 살아나는 것만이 최선의 방책이었기 때문이다. 그리고 이주노동자들 유입 이후, 원곡동에는 새로 이사 온 사람들이 생겼다. 그들은 원곡동에서 경제적 이득을 보기 위해 유입된 상인이나 건물주들이다. 건물을 샀지만 거주하지 않는 사람들은 투자를 위해 구입한 외지인이다. 그러나 건물을 사서 원곡동에 거주하는 사람들은 나이가 많고 건물에서 세를 받아서 생계를 유지하기

[그림 7] 미용실 (저자 촬영)　　　　　[그림 8] 핸드폰 가게 (저자 촬영)

위해 구입한 사람들이다. 원곡동에 이미 살고 있는 소규모 자본의 원주민들과 비슷한 목적을 가지고 원곡동에 들어온 것이다. 한 할아버지는 오래된 건물을 헐고 재건축한 건물을 구입해서 5년 전에 원곡동으로 아들내외, 손자손녀들과 이사했다. 그는 서울 집을 팔고 그 돈으로 건물을 사서 세를 받아서 생계를 유지하고 있다. 그는 이 지역에서 원래부터 건물을 소유하고 살아온 원주민들과 별반 다르지 않은 모습으로 살아가게 된 것이다.

　슈퍼, 정육점, 미용실, 금은방, 핸드폰 가게, 약국, 할인마트 등 기존의 상인들 이외에도 새로운 상인들이 이주노동자 유입 이후 그 상권을 보고 들어왔다. 고기를 좋아하는 이주노동자들 수요에 맞춰 정육점은 조금만 걸어가면 또 다른 정육점 간판이 계속 보일 정도이다. 3년 전 새로 들어온 정육점 주인은 이주노동자들을 주요 고객으로 삼고 이 지역에 정육점을 내게 되었다. 이주노동자들이 한창일 당시에는 하루 매출이 200만원이 넘어서 앉아서 밥 먹을 시간이 없었다고 한다. 기존에 있었던 정육점 옆에 새로운 정육점이 생기더라도 매출이 줄지 않고 유지되고 있는 것이다. 또한 보석으로 치장하거나 돈 대신 현물 지니기를 선호하는 이주노동자들을 상대하기 위해 기존의 금은방 이외에 원곡동 한 가운데에 큰 규모의 금은방이 새로이 들어섰다.

원곡동은 전국에서 수위 안에 드는 핸드폰 고 매출 지역이다. 이곳 핸드폰 가게에는 외국인들을 상대하기 위해 외국인 점원들이 있다. 의사소통의 편의성 때문에 이주노동자들은 타 지역에서도 이곳까지 핸드폰을 사러 온다. 그래서 핸드폰 가게는 하루가 멀다 하고 생겨나고 있지만 가장 장사가 잘 되는 업종으로 자리매김하였다. 외국인들을 상대로 하는 슈퍼 역시 매출이 예전보다 증가하였다.

[사례 Ⅳ-1] 외국인 덕분에 매출이 많이 올랐어.

▶ 연구자: 한국인 식당 많이 없어졌다는 이야기를 들었는데요?

▷ 슈퍼주인: 한국인 식당 몇 개 안 남았는데 잘 안되고 남은 것도 중국 사람들이 이용하는 곳이 많아. 저 앞에 숯불갈비 집도 중국인들의 영향을 많이 받아. 단속이 심해서 장사가 안 된다고 난리도 아니야. 요 앞 해장국집은 중국교포가 인수해서 운영하더라고. 황금해장국인데 운영하는 교포가 여기 산지가 오래된 거 같아. 장사가 잘 되더라고. 해장국 같은 거 배워서 장사하더라고. 교포들은 중국말 잘하니까 장사하기가 쉬워. 오락실들도 중국 사람들을 상대로 하지. 우리도 반 이상이 60% 정도가 외국인 손님들이야. 외국인장사가 한국인들에 비해 더 잘돼. 한국인들은 차도 있고 이마트 등의 대형매장에 가서 사거나 인터넷으로 주문, 전화로 주문해. 골목 슈퍼는 사실 운영이 어렵지. 나는 BTC 간판1) 단 단체의 회장인데 그런 문제가 큰 문제야. 대기업의 진출이 큰 문제야.

외국 사람들 때문에 나나 이 근처 슈퍼들은 괜찮은데 와동의 한국인 대상으로 하는 슈퍼는 걱정이 태산이야. 이 동네 우리 회원이 3집 있는데 여기 사람들은 판매량이 괜찮은 편이야. 땟골에도 한 집 있어. 외국인 상대로 하니까 낫다 이거지. 그래도 힘들어. 솔직히 한국인만 있으면 장사가 얼마나 되겠어. 외국인들 덕분에 매출이 많이 올랐어. 한국인만 있으면 그렇지 않지. 외국인들이 들어오니까 좀 반가웠다고 볼 수 있지. 대신에 사건을 많이 겪지만.

다른 내국인 지역은 대형할인마트가 곳곳에 들어서면서 동네 구멍가게들은 커다란 위기를 맞이하게 되었다. 그러나 원곡동에서 슈퍼를 운영하는 사람들은 외국인 이주노동자들을 주 고객으로 영업을 활발하게 하고 있다. 이곳에는 근처에 대형마트가 없을 뿐만 아니라 외국인 이주노동자들은 먼 곳에 가서 구매하려고 하지 않기 때문에, 주로 자신이 가는 슈퍼를 단골로 이용하는 경우가 많다. 그래서 원곡동에서 슈퍼를 하는 사람들은 오히려 내국인 동네에서 슈퍼를 운영하고 있는 사람들보다는 수입이 나은 편에 속한다. 또 주야간으로 일하는 이주노동자들을 상대하기 위해 편의점 이외에도 24시간 영업을 하는 슈퍼가 있다. 이 슈퍼의 밤 근무는 이주노동자가 담당하고 있는데, 주인의 말에 따르면 "한국인보다 부지런하고 성실해서 일한 지 꽤 오래되었다"고 한다. 언급된 핸드폰 가게, 슈퍼뿐만 아니라 다양한 상점에서 이주노동자들을 상대하기 위해 외국인 점원을 두고 있다. 이는 저임으로 노동력을 고용해 물건 판매를 촉진하는 역할을 한다.

---

1) 슈퍼마켓 체인의 명칭을 가리킨다.

[그림 9] 부동산 중개소 (저자 촬영)

　미용실도 마찬가지이다. 이미 체인화되고 대형화되어 소규모 미용
실들은 살아남기 힘든 상황 속에서도 원곡동에는 작은 미용실이 밀
집해있다. 저렴한 커트 가격을 보고 온 남성 이주노동자들이 주 고객
이고, 그 외에도 조선족 아주머니나 국제 결혼한 이주 여성 고객들이
머리를 하기 위해 미용실을 찾는다. 특히 이주노동자들이 쉬는 금요
일 저녁부터 일요일까지는 눈코 뜰 새 없이 바쁘게 머리를 잘라야
하기 때문에 작은 미용실임에도 불구하고 헤어디자이너가 3-4명씩
대기하고 있다. 미용실뿐만 아니라 대부분의 가게들이 이주노동자들
이 쉬는 주말에 집중되거나 평일에는 일이 끝나는 시간에 맞추어 장
을 보기 위해 집중적으로 몰려들기 때문에 그 때 장사를 집중적으로
하고 있다.

　예전에 비해 늘어난 것 중에 또 하나는 부동산 중개소이다. 이주노
동자들이 대부분 저렴한 가격의 월세로 세 들어 살고 있는데, 그들은
한국에서 연고가 없기 때문에 부동산 중개소를 통해 집을 구하는 경

우가 많다. 부동산 중개소에는 그들이 알아볼 수 있게 외국어로 된 "방 구함" 안내문을 붙여놓는다. 부동산 중개소의 증가와도 밀접하게 관련이 있는 사업이 임대업이다. 따라서 경제적 이득을 본 사람들은 바로 건물주다. 더 이상 전세와 어느 정도 규모의 셋집을 원하는 한국인들과는 달리 외국인들은 작은 방에 월세를 구하려고 하기 때문에 돈을 벌기가 용이하다. 이주노동자들이 가장 많았던 2002년경에는 높은 보증금과 월세 가격에도 불구하고 방이 없어서 세를 놓지 못하는 상황까지 이르렀다고 한다.

　이상에서 살펴보았듯이 내국인의 유출 이후로 침체되었던 원곡동은 외국인 이주노동자가 유입되면서 활기를 되찾게 되었다. 원주민들은 처음에는 이주노동자들의 유입을 두렵고 불편하게 여겼다. 그러나 그들은 어느 새 이주노동자들이 자신들의 생계를 위해서는 절대로 없어서는 안 될 존재가 된 것이다. 원곡동 지역주민을 상대로 실시한 설문조사에 따르면 62%이상의 응답자가 외국인노동자들이 지역경제에 매우 긍정적인 영향을 미치고 있는 것으로 응답하였다.[2] 이주노동자들이 지역에 끼치는 긍정적인 영향과 더불어 원주민들 사이에서 그들과 관심과 유대를 강화하려는 노력이 일어나게 되었다.

　상인은 이주노동자 고객에게 의사소통이 어렵더라도 화를 내거나 불평을 하기 보다는 그들이 자신들의 가게에서 편리하게 구매를 할 수 있도록 쾌적한 환경을 만들어주는 노력을 기울였다. 외국인 점원

---

2) 원곡동 지역주민들이 느끼는 외국인노동자의 원곡동 경제에 대한 도움의 정도
　에 대해서, 아주 그렇다(23.3%), 그렇다(39.1%), 보통이다(26.3%), 아니다
　(9.8%), 전혀 그렇지 않다(1.5%)로 긍정적인 답변이 62.4%로 나타났다(안산외
　국인노동자센터 2002).

의 고용도 편리와 소득 증진 모두를 잡을 수 있는 방안이었다. 그리고 건물주들은 이주노동자들이 자신들의 세입자가 된 이상 편하게 살 수 있도록 건물이나 보일러 수리 등을 적극적으로 해주어야 하는 입장에 놓이게 된 것이다.

원주민들은 기본적으로 이주노동자들과 상인과 고객, 집주인과 세입자의 관계를 형성해 나가게 되었다. 그들이 이주노동자와 얽힌 경제적 이해관계는 쌍방 간의 우호적이고 적극적인 관계 형성의 계기로 작용하였다. 그리고 이러한 관계 형성을 계기로 원주민들은 그들과 면식이 있는 이주노동자에게는 더욱 호의를 베풀게 되었다. 집주인은 외국인 이주노동자가 대문 앞에 아무렇게나 버린 쓰레기를 봉투를 사다가 치운다. 이는 집주인으로서 책임져야 할 일이기도 하지만 그들에게 화를 내기 보다는 타일러서 잘 할 수 있도록 돕는다. 이는 자신들의 세입자여서 가능한 일이다. 하지만 단순히 이러한 일에만 그들의 노력이 그치는 것은 아니다. 그들은 열악한 환경 속에서 일하는 이주노동자 세입자들이 아파서 일을 할 수 없는 처지에 놓이면 쌀을 공짜로 가져다주기도 하고, 밑반찬을 해다 주기도 한다. 또 원주민들은 전기세 등을 내는 방법을 모르는 자신의 단골손님의 고지서를 대신 가져다 내 주기도 한다. 그들이 원주민들에게 경제적 이익을 가져다주기 때문에 호의적인 것도 사실이다. 하지만 이들은 관계 형성을 계기로, 돈을 주고받는 이해 타산적 관계를 넘어서서 원주민과 이주노동자들은 일상생활 속에서 도움까지도 주고받을 수 있는 개별적이고 친분이 있는 사이로 변해간 것이다.

그러나 원곡동에 살고 있는 원주민들 모두가 이주노동자들과 관계를 맺고 호의적인 태도를 보이는 것은 아니다. 공단이나 다른 지역으로 출퇴근하고 원곡동을 주거지로서만 이용하는 원주민들은 이주노동자들과 안면을 트고 대화를 나누는 등의 구체적인 관계를 형성하게 될 계기가 거의 없다. 이들도 이주노동자들이 자신의 옆집에 살고 있다는 것을 알고 있지만 그들 사이에는 아무런 이해관계도 친분관계도 존재하지 않는다. 그들은 불편을 감수하면서까지 옆집에 '이방인'들과의 동거를 받아들일 이유가 없다. 따라서 이러한 조건에 놓인 원주민들은 이주노동자들에 대한 두려움이나 부정적인 이미지가 감소할만한 기회가 많지 않다.

[사례 Ⅳ-2]

(원곡동 주택단지에서 세입자로 거주, 며칠 전 며느리는 공단에 취직하러 나갔다가 중국인들만 있어서 하지 못하고 돌아왔다.)

‣ 김금순(여, 53세, 시어머니): 한국슈퍼도 가지만 지네끼리는 중국식품(점) 들어가잖아. 어쩌다 한국슈퍼 들어가서 술 먹고 병 깨서 쪼가리 너저분하고. 나와 보도 못해 무서워서. 그러면서도 살아남아야 되니까 쉬쉬해버리고. 그런 것도 문제야. 우리나라 사람이 당장 눈에 보이는 이익을 취하기 위해서 무섭고 두려운 것을 숨기고 쉬쉬하는 것도 문제가 된다고 봐. 도대체 무엇 하는 건지 모르겠어. 정치, 방송 암만 하고 있으면 뭐하냐고 이런 거 말도 안 해주고. 누가 신고를 하겠어? 그 사람들이 방세 주니까 받아쓰는 거고.

▷ 연구자: 직접 외국인 만날 기회는 많이 없겠네요?

‣ 노희선(여, 31세, 며느리): 나가질 않죠. 두문불출이야. 안 나가고 안 보는 게 속편하니까. 나가면 뭐 혀. 말들이야 하죠. 말 걸려고 하고. 그 사람들은 그러는데 말을 하는 거 보기 싫으니까. 그냥 옆에서 듣고 있으면 중국 사람들 톤이 놓으면 머리 아파요. 짜증나요. 조신 조신하게 얘기하는 사람이 없어 중국 말투가 그래서 그런지.

▷ 연구자: 여건이 되면 이사하실 생각이세요?

▶ 김금순: 그럼요. 여건만 되면 가고 싶지. 젊은 사람들은, 한국 사람들은 다 그런 마음일거예요. 이방인 대접을 받고 살고 있으니.

▶ 노희선: 여기가 교통이 편해서 좋은데, 나는 중국 사람이 있는 데를 다른 데로 좀 옮겼으면 좋겠어. 우리나라 사람들은 퇴근 때문에 통근버스가 많잖아.

이러한 원주민들은 오히려 상업이나 임대업에 종사하는 원주민들이 "외국인들"에게 이득을 취하기 위해 위험을 방치하고 두려움을 참는다고 생각한다. 또한 그들은 외국인과 개별적인 관계 형성의 경험을 할 기회가 많지 않기 때문에 미디어에서 재현된 이주노동자의 두려움의 이미지를 적극적으로 수용하기도 한다. 그들은 이주노동자들을 거리에서 지나가다 보기는 하지만 그 뿐이다. 이주노동자들과의 관계가 발전되지 못하고, 추상적이고 미분화된 '외국인 이주노동자 집단'과의 지나침이라는 수준에서 그치고 마는 것이다.

원곡동 지역사회를 위해 노력하는 사람들은 원곡동 지역에 거주기간이 오래되어서 이 지역에 대해서 잘 알고 있으며, 대부분 통반장이나 각종 주민모임에 참여하는 사람들이다. 이러한 원주민들은 원곡동에서 대부분 상업이나 임대업에 종사하면서 원곡동 일에 관여하고 있다. 이러한 원주민들과 외국인 이주노동자와의 관계 형성은 원곡동 내의 여론 형성과 변화의 가능성을 보여주는 실천들이다. 이주노동자나 지역 일에 무관심하거나 부정적인 태도를 가지고 있는 원주민들보다는 이들에 관심을 가져야 하는 이유다.

원곡동에 살고 있는 원주민들은 큰 자본을 소유하고 있지 않다. 자신이 살고 있는 건물 하나, 자기 소유의 가게 또는 세 들어 있는 가게를 운영하고 있는 사람들이다. 이들은 원곡동을 떠나서 새로운 것을 시작하기에는 나이가 많거나 자본의 규모가 작은 편이다. 또는 소규모의 자본을 가지고 이주노동자들을 대상으로 이득을 취하기 위해 원곡동에 들어온 사람들이다. 이들은 이주노동자들과 생활하면서 어려운 점이 있더라도 경제적 이득을 위해서는 극복하려는 의지와 노력을 기울이게 된다. 원곡동 원주민들에게는 다른 대안이 없기 때문이다. 그래서 이주노동자들에게 더욱 호의적이고 관심을 갖고 대하게 되었다. 그리고 거꾸로 이러한 과정들은 이주노동자들을 일상생활에서 자연스럽게 받아들이게 하는 계기로 작용하였다. 매일 마주치는 과정 속에서 한 마디라도 서로 건네게 되고 연속성 있는 관계가 형성되었던 것이다.

2. 경험의 공유: 집중단속과 저항

이주노동자 무차별단속 주민이 말린다. [사례 IV-3]

(한겨레신문 2003-12-09)

안산 원곡동 170명 항의 서명…

인천 공대위 출범 외국인 노동자들의 집단 거주지인 경기 안산시 원곡동 주민들이 외국인 노동자 강제 연행에 항의하며 서명운동을 벌이고 있다. 안산외국인노동자센터는 8일 원곡동 주민과 상인 등 170명은 이날 법무부의 외국인 강제 단속 및 추방정책에 반대하는 서명운동에 동참했다고 밝혔다. 주민들은 단속원들이 상점 안까지 들어와 물건을 사는 외국인 노동자들을 대상으로 신분증 제시를 요구하며 무차별적인 단속을 벌이고 있다고 항의했다. 이에 주민들은 외국인 노동자 강제추방 및 단속 즉각 중단, 원곡동 상권 보장, 외국인 노동자 범죄인 취급 금지, 외국인 노동자 합법체류 보장 등을 요구했다. 한편 안산외국인노동자센터에는 단속을 피해 피신한 70여명의 외국인 노동자들이 27일째 기거하며 농성을 벌이고 있다.

2004년 8월 고용허가제 시행을 앞두고 2003년 말과 2004년 초에 불법체류자에 대한 집중적인 단속이 이루어졌다. 외국인 이주노동자들의 집단거주지로 알려진 원곡동도 단속에서 예외일 수는 없었다. 하루가 멀다 하고 출입국관리소 단속반원들이 원곡동에 몰려들었다. 길거리에서 불심검문을 통해서 잡혀가는 것은 예사였다. 작업장에서 일하다가도 잡혀가고, 출퇴근길에도 잡혀갔다. 상점에서 물건을 사다가도 잡혀가고, 집에 있다가도 들이닥친 단속반원들에게 잡혀갔다. 수많은 외국인 이주노동자들이 단속반에 의해서 잡혀간 것에 반발해, 이주노동자들은 시민단체와 연계하여 시민단체센터에 집단적으로 기거하면서 숨어서 농성을 벌이기도 하였다. 일부는 단속이 뜸한 지방으로 도망쳐버리기도 하였다.

이러한 무차별한 단속에 급격한 타격을 입은 것은 이주노동자들뿐만이 아니었다. 원곡동에 사는 원주민들 역시도 단속으로 피해를 입게 되었다. 우선은 원주민들의 지역 경제가 단속 이후 큰 타격을 입게 되었다. 이미 이 지역은 외국인 이주노동자들에 따라서 움직이고 있는 지역이었기 때문에, 썰렁해져 버린 원곡동에는 빈 방, 손님 없는 상점들, 조용해진 거리만이 남아있었을 뿐이었다. 원곡동 주민들은 정부의 무차별한 단속에 분노를 금치 못했다. 시민단체의 주도로 이루어지고 있는 불법체류자 단속 반대에 적극적으로 동참했으며,

원곡동 주민자치회와 상우회를 중심으로 공동 성명을 발표하였다.[3] 원곡동은 유명한 천 정치인의 고향으로 지역의 통반장협의회에서는 천 씨 쪽에 연락을 취해서 이곳의 단속을 줄여달라는 요구를 하기도 했다. 방이 없어서 세를 놓을 수 없었던 건물주들과 앉아서 밥 먹을 시간도 없었던 상인들은 급변한 원곡동의 상황에 놀라지 않을 수 없었다.

집중 단속이 계속되는 기간 동안 원곡동의 거리는 조용해졌다. 이주노동자들은 원곡동에서 지방으로 도망치거나 또는 본국으로 송환되어 갔다. 발 디딜 틈 없이 북적거리던 원곡동의 소비층이 사라져 버린 것이다. 2003년은 이주노동자와 원주민에게는 암흑과도 같은 시간이었다. 2004년 8월 고용허가제가 본격적으로 실시되고 난 후에야 원곡동에 대한 단속은 줄어들었다. 그렇다고 해서 완전히 없어진 것은 아니다. 집중단속을 하고 있을 때만큼은 아니지만 지속적인 단속이 이루어지고 있는 것이다.

원곡동의 원주민들은 이러한 단속에 대해서 큰 불만을 가지고 있었다. 단속 때문에 외국인 이주노동자들은 집단거주지로 유명한 원곡동보다는 단속이 뜸한 타 지역으로 이주하는 비율이 높아졌다. 외국인 이주노동자들의 유출은 원주민들이 벌어들이는 수익이 줄어드는 것을 의미한다. 이는 원곡동 원주민들의 생활 기반을 침식하는

---

3) 외국인 이주노동자 단속은 이전부터 지속적으로 이루어져 왔었다. 2002년 12월에도, 원곡동 내 '중국동포상조회' 회장으로 있던 주민에 따르면 불법체류단속에 외국인노동자가 걸렸을 경우, 지역 상인들이 집단 탄원을 제출하여 구제하였으며 불법체류 합법화나 '고용허가제' 도입에 대해서도 상당수의 원곡동 지역의 상인들은 찬성하는 입장을 보였다고 한다(정건화 외 2005).

결과를 낳게 된다. 그리고 상인들의 말에 따르면, 어느 가게 앞에서 단속이 이루어지고 나면 이주노동자들 사이에 단속지역으로 소문이 금방 나기 때문에 잡힐까봐 그 근처에는 얼씬도 하지 않는다고 한다.

그러나 원주민들은 단순히 경제적인 이익의 감소 때문에 단속을 반대하는 것은 아니다. 단속하는 것을 목격해본 사람들이라면 얼마나 폭력적으로 단속이 이루어지고 있는지를 느낄 수 있다고 원주민들은 입을 모아서 말한다. 단속은 출입국관리소 직원들이 직접 나오는 것이 아니라 용역업체 아르바이트생들이 하는 경우가 대부분으로, 일일 목표량을 달성하기 위해서 무자비하게 잡아들이는데, 그 과정에서 외국인 이주노동자들은 저항을 하기 일쑤고, 유혈 사태로 이어지는 경우가 비일비재하다.

원주민들과 이주노동자들을 공포로 몰아넣는 불법체류자 단속사건과 관련해서는 일상적으로 이야기도 많이 되고 무수한 소문이 유통되는데 그 중에는 잘못된 사실 전달이 일어나기도 한다.

[사례 Ⅳ-4]

▷ 박금자: 단속반 아저씨 죽었대요. 저 저번주 토요일에 안산역 앞에서 단속을 했는데 불법체류자를 심하게 다뤘나 봐요. 잡았는데 불법체류자가 칼로 푹 찔렀대. 길에 피가 흥건하게 병원에 실려 갔는데 죽었대.

▸ 연구자: 근데 왜 뉴스에 안 났어요?

▷ 박금자: 몰라요. 미용실 손님이 지나가다가 피를 봤대. 칼에 찔려서. 그 손님이 얘기해줘서 알았어. 왜 뉴스에도 안 났대?

▸ 연구자: 그 사람은 잡혀갔겠네요?

▷ 박금자: 너무 심하게 잡았대. 함부로. 걔네들은 항상 흉기를 가지고 다닌 대매. 단속반들이 너무 무식하게 단속을 해 사람 취급을 안 하고. 거리에서 신분증이나 등록증을 보여 달라 그래서 없다 그러면 데려가

야지. 건물 안에 들어와서 물건 사는 사람들을 잡아가고 그래. 단속반
원들이 용역이야. 책임량이 있나봐. 사람들을 막 잡아들여.

경찰서와 주변에 확인을 해본 결과 이 사건은 사실이 아니었다.
단속을 나온 것은 맞지만 살인이 일어난 것은 아니었다는 것이다.
"출입국관리소 직원이 상처만 입어도 신문에 반드시 나는데 이렇게
큰 사건이 보도가 되지 않는다는 것은 상식적으로도 이해가 되지 않
는다"는 것이 원곡동 소재 시민단체 상근직원의 대답이었다. 그런
사건이 일어나지도 않았는데 동네에 소문이 확 퍼진 것이다. 불법체
류자 단속과 그 과정 속에서 발생한 사건사고에 대한 이야기는 단속
이 폭력적이라는 점에서, 주민들에게까지 불편을 끼친다는 점에서,
이주노동자들을 불쌍하면서도 위험한 존재로 간주한다는 점에서, 또
실제와는 일치하는 경우도 있지만 잘못된 소문이 상상 유통된다는
측면에서 원곡동 거주 지역 실제생활의 예리한 단면을 보여준다.
　단속은 이 같은 사례에서 볼 수 있듯이 폭력적이기도 하지만 또
무차별적이다[4]. 가게에 물건 사러 나왔던 한 중국인 아줌마는 속옷

---

[4] 불법 외국인 노동자에 대한 합동 단속이 계속되고 있는 12월 8일. 경기도 안산
시 원곡본동 일대에 법무부 직원 5명이 사복 차림으로 1시 30분경과 오후 2시
30분경 2차례에 걸쳐 길가는 사람 모두에게 신분증을 요구하며 단속에 나섰다.
한 한국 사람은 자신도 검문을 당했다며 "이렇게 위화감이 조성되어서야 동네
가 어떻게 되겠느냐"면서 원성을 높였다. 한 상점 주인은 "가뜩이나 매상이
떨어져 걱정인데 동네가 이렇게 살벌해서 어떻게 살겠느냐"면서 불만을 토로
했다. 이에 앞서 12월 4일 7시 30분경에도 사복 차림의 법무부 직원 7명이
'국경 없는 마을' 원곡동의 상점거리에 들이닥쳤다. 안산역에서 원곡본동사무
소에 이르는 국경 없는 마을 거리에 차를 대더니 잡화 상점, 채소 가게, 휴대폰
가게에 들이닥쳤다고 목격자들은 전했다. 그리고는 물건을 고르고 있는 외국

만 입은 채로 끌려가기도 하고, 다치거나 병이 있는 사람들은 단속 대상에서 제외됨에도 불구하고 마구 잡아가는 사태가 발생하기도 하였다. 이런 모습을 보는 원주민들은 안타까울 따름이다. 자신의 가게에 오는 단골손님이나 세 들어 사는 사람들이 잡혀가는 것이 마음 편할 리 없다.[5] 매일 와서 물건도 사 가고 자식자랑도 하던 사람들이 더 이상 오지 않는다는 것을 허전하게 느끼게 된다고 이야기 한다. 어느 새 외국인 이주노동자들은 일상적으로 마주치면서 인사를 건네는 동네 사람이 되어버린 것이다.

집중단속의 대상이 되는 것은 외국인 이주노동자들만이 아니다. 이주노동자들 중에 중국인들은 한국인과 외관상으로는 별 차이를 보이지 않기 때문에 원곡동에 사는 원주민들 중에는 외국인 이주노동자로 오해 받아 불심검문에 걸린 적이 있는 사람들이 있다. 특히 남성들은 단속에 걸린 사례가 더 많다. 집 앞이라서 신분증을 가지고 다니지 않는 경우에는 우선은 잡혀가서 확인 절차를 받아야 하기 때문에, 아무리 불법체류자가 아니라고 우겨도 거칠게 관리사무소까지 연행 되고 신분증명을 받아야 풀려날 수 있다. 이는 원주민들의 입장에서는 어처구니가 없는 경험이었다.

결국 단속은 불법체류자들에게만 이루어지는 것이 아니라, 단속과

인노동자들을 마구잡이로 승합차에 실었다는 것이다. 외국인노동자들이 도망가다 넘어져 법무부 직원들에게 질질 끌려가는 광경을 목격한 S상점의 대표는 "우리 가게 단골손님이 내 눈앞에서 마구잡이로 잡혀가는 것을 보며 분했다. 집에 가서는 잠이 안 올 정도로 괴로웠다"고 진술했다.(오마이뉴스, 2003.12.09)
5) 2003-2004년 집중 단속이후, 단속법이 개정되어서 건물 안에 들어가 있는 경우에는 불법체류자라도 잡아갈 수 없도록 하고 있다.

는 아무런 관련이 없는 합법적인 체류를 하고 있는 이주노동자와 원주민에게까지 피해를 입히는 사태를 발생시켰다. 원주민들에게 단속당함은 불쾌하고 기분 나쁜 사건이었다. 그들은 이러한 경험을 통해서 기본적인 인권조차 지켜지지 않고 있는 외국인 이주노동자들의 처지에 대해서 이해하게 되었다고 말한다.

[사례 Ⅳ-5]

(2006년 10월 25일 원곡동에서 일어난 집중단속에 대해서 건물주인 아주머니와 분식집 아주머니들을 통해 이야기를 들었다.)

▶ 이덕례(여, 58세, 건물주): 열흘 전쯤이야. 추석 바로 지나고 나서였어. 추석 전부터 단속 할 거라고 말들이 많았지. 불법단속 때문에 출입국관리소에서 나와서 몇 명 잡아서 가는데 한 중국 여자 남편이 잡혀갔나봐. 여자가 차를 막아서고 그러더라고 어디서 연락을 받았는지 중국 사람들이 졸지에 몇 백 명이 와서 막아섰어. 차 넘버가 강원도더라고. 사람이 하도 모여서 싸움 나고 차 쓰러지려고 하고, 그 출입국관리소 사람들이 다시는 안온다고 학을 떼고 돌아갔어. 그 사람들은 풀어주고. 중국인들 몇 백 명이 와서 덤비니까 몰매 맞았어, 폭동이 일어난 거 같아. 그게 열흘 밖에 안 되었어. 봉고차를 미니까 차가 쓰러지려고 그러고 순경이 와서 도왔는데 다 해산했어. 그런 일은 처음이야 불법노동자들 잡아가는데 수갑을 채웠나봐. 남편 실려 가니까 여자가 연락해서 단합한 거야. 몇 백 명이 모여가지고 무서웠어. 살벌했어. 법무부 직원이 여기 더 이상 못 올 거야. 옷 찢어지고 피나고 난리도 아니었어. 바로 하마 분식집 바로 앞이었지. 안산역 쪽에서부터 잡아왔는데 못 가게 하니까 여기쯤에서 난리가 난거지.

▶ 김미순(여, 45세, 분식집): 경찰이 일부러 늦게 온대 사고 나면. 그 불법체류자가 다쳐가지고 치료받고 가야된다고 한국 사람들이 말려서 못 가게 한 건데 그 새에 중국인들이 온 거야. 싸움 났을 때 가게에서

칼, 가위 가져갈까봐 무서웠어. 폭동이 일어난 거 같았어. 하필 딱 여기 앞에서 그런 일이 발생하다니. 분식집 문이 양쪽에 있어서 무서웠다니까. 싸움나면 주방 칼부터 숨긴다고. 단속싸움 난 다음날에 동네가 썰렁하더라고. 심각해, 무서워.

가까이에서 폭력적인 단속의 모습을 직접 경험한 원주민들은 미디어에서 보도되는 단속현장과 단속의 당위성을 설명하는 멘트만을 보고 판단을 내리는 외부인들과는 다른 시각에서 외국인 이주노동자들을 바라보게 된다. 그들과 "무자비한 불법단속"을 함께 경험하면서 이주노동자들을 이해하는 공감대가 생겨난 것이다. 이러한 공감대의 밑바탕에는 일상생활 속에서 이주노동자와 개별적인 관계를 형성해 오면서 원주민들과 이주노동자 사이에 "정"이 쌓이게 된 결과이다.

이 장에서는 원주민들이 이주노동자들을 추상적인 대상으로 두려움을 불러일으키는 존재로 생각했던 시각의 변화가 일어나고 있음을 보려고 했다. 원주민들은 경제적 이득을 위해 이주노동자들을 자신의 "단골손님"으로, 또는 세입자로 받아들이게 되었다. 그러나 이러한 관계를 통한 만남의 지속적인 형성은 일상생활 속에서 마주치고, 이야기를 나누는 관심을 기울이고 호의적인 관계를 만드는 데 필연적인 요소로 작용하였다. 원주민들은 외국인 이주노동자들이 어려움에 처했을 때 도움을 주기도 하고, 공존에 위협을 주는 불법단속행위에 대해서는 적극적으로 나서서 막는 모습까지 보여준다. 이러한 과정 속에서 원주민들은 이주노동자들과 상호작용을 해 나가는 밑거름을 마련하게 되었다.

[그림 1이 원곡동 국가별 거주지와 상점의 분화

V

두려움과 공존 사이에서

이 장은 두려움을 다루고 공존으로 나아가는 원주민들의 변화한 모습들에 대한 이야기다. 원곡동 원주민들은 이주노동자에 대한 지식을 습득하고, 그들에 따라 변화한 원곡동에 대한 공간인식을 정교화하게 되었다. 이러한 경험들은 두려움의 존재로만 간주되었던 이주노동자에 대한 이해의 폭을 확장시켜주었다. 그러나 그럼에도 불구하고 아직까지 원곡동에서 이주노동자들과 공존하며 살아가기 위해서 대처하고 해결해야 할 문제가 여전히 남아있다는 점을 치안과 지역발전의 측면에서 이루어지고 있는 원주민들의 노력을 통해 살펴볼 것이다.

1. 두려움에 대처하기(Managing fear)

메리(Merry 1981)는 위험에 대처하기 위해 도시의 주민들이 첫째, 장소, 시간, 사람에 대한 인지지도의 형성하고, 둘째, 인간관계 관리를 통해 잠재적으로 해를 끼치는 사람들을 능숙하게 다루는 기술을 습득하며, 셋째 자물쇠 등 물리적인 수단을 이용하여 방어를 구축한다고 보았다. 원곡동 원주민들도 외국인 이주노동자에 대한 지식을 습득하고 공간 인식의 정교화를 통해, 인지지도를 새롭게 구축하였다. 이는 원주민들이 두려움에 대처해나가는 방식이었다.

(1) 외국인 이주노동자에 대한 지식의 증가

원곡동 원주민들은 이주노동자들과 근린에서 함께 생활하게 되면서 같이 살아가면서 알아야 할 지식(knowledge)[1]을 습득하게 되었다. 이러한 지식은 이주노동자들과 함께 사는 원주민들에게 필요한 정보이다.

원곡동 원주민들은 내국인들끼리만 거주하는 다른 지역의 사람들과는 달리 이주노동자들과 근린에 함께 거주해야 하는 상황에 놓여 있다. 그들은 원주민에게 고객이나 세입자 또는 옆집에 살고 있는 사람이다. 원주민들은 이러한 과정 속에서 긍정적인 측면에서 개인적이고 친밀한 관계를 형성하기도 하고, 반대로 부정적인 인식을 심어주는 계기를 경험하기도 한다. 이러한 관계맺음의 다양한 측면들

---

1) 로텐버그(Rotenberg 2002)는 도시민들은 정체성, 스케줄, 장소에 대한 메트로 폴리탄적 지식(metropolitan knowledge)을 필요로 한다고 보았다. 이러한 지식은 시골과 구분되는 도시의 질적인 특질들을 바탕으로 형성되는 도시만의 독특한 성격을 지닌 것으로 보았다. 본 논문에서 사용된 지식(knowledge)이라는 용어는 시골과 구분되는 도시의 특질인 이형성이 반영된 이방인들에 대한 지식이 도시적 일상생활을 하는데 요구된다는 측면에서 로텐버그의 논의와 맞닿아 있는 부분이 있다고 본다. 메리(Merry 1981)는 이러한 지식이 위험을 다루는 데 중요한 역할을 하고 있다고 보았다.

은 원주민들이 이주노동자에 대해서 여러 가지를 알게 해준다. 따라서 이주노동자들과 일상에서 직접적으로 접할 수밖에 없는 위치에 놓이게 되고, 이주노동자에 대한 지식을 자연스럽게 또는 필요에 의해 습득하게 된다.

반면, 이주노동자들과 직접적으로 근린에서 거주한 경험이 없는 사람들은 미디어에서 보도되거나 재현된 모습이 그들에 대한 정보의 대부분을 차지한다. 이전보다 엄청난 숫자로 늘어난 이주노동자들을 길거리에서 볼 수는 있어도 직접 접할 기회가 없기 때문이다. 따라서 이들은 이주노동자들을 각국 출신의 다양한 특성을 지닌 집단이라는 사실을 간과한 채 미분화된 집단으로 바라보는 경향이 있다. 사람들은 이주노동자들이 가지는 특성과 다양성을 가까이서 인식할 기회를 가지지 못했기 때문이다. 따라서 미디어에서 제공하는 범주의 틀을 적용하여 이주노동자들을 인식하지 않는다고 하더라도 사람들이 인식하는 범위는 제한적일 수밖에 없다.

그러나 이미 이주노동자들과 길게는 10여 년 이상을 함께 생활해 본 경험이 있는 원곡동 사람들이 이주노동자들에게 적용하는 범주의 틀은 미경험자들에 비해 구체적이다. 특히, 상인과 임대업자는 이주노동자들을 대상으로 돈을 벌기 위해 원곡동에서 생활하기 때문에, 그들을 가장 가까이서 지속적으로 접하는 사람들이다. 이주노동자들의 의식주 생활이 지역 내에서의 소비를 통해 이루어지고 있기 때문이다.

첫째, 기본적으로 원곡동의 주민들은 다양한 국가에서 온 이주노동자들을 국가별로 구분해 내고 각 나라별로 사람들이 지니는 특성들을 파악하고 있다. 주민들은 다양한 국가 출신 이주노동자들을 접하게 되면서 생김새나 옷차림 등의 외모를 구별해 낼 수 있게 되었다. 식품점이나 음식점을 운영하는 경우에는 그들의 식품 구매방식이나 식생활을 통해서, 옷가게를 운영하는 사람들은 물품구매방식이나 의생활을 통해서 이주노동자들을 구분하고 인식한다. 세를 주는 건물 주인들의 경우에는 어떤 측면에서 보면 가장 가까이에서 이주노동자들의 생활을 관찰할 수 있는 입장에 놓여있는 사람들로, 그들의 주거 생활을 총체적으로 볼 수 있다.

[사례 V-1]

(미용실 디자이너는 각 나라별 인사 정도는 알고 있고, 사전을 가지고 있으며, 모르는 나라에서 온 사람들에게 인사를 그 나라 말로 어떻게 하는지 등을 배우면서 친해진다)

▶ 연구자: 오히려 이 동네 사람들은 이주노동자들을 아무렇지 않게 생각하는데 상록수나 중앙 등 타 지역에 사는 사람들은 무서워하지 않나요?

▷ 박승혜(여, 25세, 디자이너): 이 외국인들도 (한국 사람들) 몇 번 보면 (몇 번 본 사람이면) 거리감이 없는데 처음 보면 경계를 하는 거야 얘네 두. 방어를 우선 하게 되잖아. 저사람 공격적인 게 딱 보이니까 경계를 하는 거야. 아니다 싶으면 자기 성격이 나오는 거지. 나는 얼굴도 알고 단골이 많으니까 주말에는 퇴근하다가 다 지나가고 딴 사람들이 보면 웃기겠다고 외국 사람이 보고 다 인사하니까. 나라별로……. 요즘에는 방글라데시 사람들도 많더라고. 몽고 사람들도 이 동네에 많이 오던데. 말을 모르는 사람이 있어.

▶ 연구자: 그럼 머리 어떻게 잘라요?

▷ 박승혜: 그냥 그 나라별로 스타일이 있어 이미 파악하고 그 나라말로 인사말만 해주면 알아서 잘라달라고 그래요. 우즈벡, 몽골, 러시아, 캄보디아, 미얀마 다 있어요. 키르키스탄도 있고.

▸ 연구자: 키르키스탄에서도 와요?

▹ 박승혜: 타지키스탄. 물어보면 그 나라 대충 어딘지 맞추거든요? 스리
랑카, 파키스탄, 비슷하게 방글라데시, 인도, 네팔, 되게 많아요. 한국
인이랑 네팔 사람 비슷해도 눈매랑 코보면 틀려요. 머릿결도 틀리고.
방글라데시랑 인도는 곱슬머리가 많고, 베트남은 덜하고 나팔 청바지
입고, 키가 작아서 그런가봐. 인도네시아는 그냥 청바지에 사람이 제일
많은 거 같아. 재미있어요. 리노라고 손님 중에 방글라데시 사람 있는
데 3년 단골인가 그 사람 여기 온지 5년 넘었대요. 회사에서 일하는데
월급이 250이래. 도금일 하는데 반장이래. 한국말 되게 잘 해. 그 나라
마다 한국말 하는 억양 스타일이 틀려요. 우리나라 사람 미국말 하듯
이. 러시아 사람들이 허밍 네에~~아니오~~. 얼굴들이 잘생겼으니까 시
커먼 애들이 그랬으면 좀 그런데. 흑인들은 걔네 나라 말 억양대로 초
등학생 데리고 노는 거 같아. 나는 많이 보고 접해봤으니까 한국 슈퍼
나 등등 그냥 물건 사러 가면 어느 나라 사람인지 잘 모를 수도 있을
텐데 미용실에서는 말을 해야 되잖아. 말을 많이 해봐서 그런 거 같아.
그냥 1년 동안 보기만 했으면 잘 몰랐겠지. 머리스타일을 어떻게 해야
하는지 말 못하면 어느 나라에서 왔는지부터 물어보잖아. 말 못하면
그 나라 인사나 그런 거 정도는 알아듣고 하니까 한국어 공부하는 책
같은 게 있어 사람들이 그걸 미리 습득하고 오더라고. 내가 그 사람들
한테 가르쳐달라고 하면 자기네 나라 말을 가르쳐줘. 나는 따라한다고
하는데 혀 굴리는 방법을 모르니까 지네가 들으면 되게 웃긴 거지. 가
끔 그럴 때 있어 걔네 나라 말 인사말 해주면 못 알아들을 때 있어
내 억양이 이상한거지. 자기네들 딴에는 이게 자기가 못 알아듣는 한국
말인가보다 생각을 하는 거야. '베트남 아니야? 아~~~~' 어떤 사람은
'어떻게 알아요?' 막 그래. '그냥 알아요.' 그러면 '베트남 애인 있어
요?' 물어봐. '아니 여기 손님 많이 오잖아요.' 그러면 그제야 '아~~~.'

원곡동에 즐비한 상점 중에 하나는 미용실이다. 많은 이주노동자

남성들이 원곡동에 있는 미용실에서 머리를 자른다. 미용관련 서비스업에 종사하는 사람들은 이주노동자들에 대한 외양적인 특징뿐만 아니라 그들의 생활방식이나 사건사고에 대해서 잘 알고 있다. 물건을 구입하고 그냥 스쳐가는 것이 아니라 머리를 자르기 위해서는 일정 시간동안 면대면 상황에 놓이기 때문에 이주노동자들에 대해서 관찰할 수 있는 시간이 주어진다. 어디 사람이 곱슬머리인지 아닌지 등의 신체적인 특징과 어디 사람이 주로 어떤 차림으로 다니는 지의 외양적인 특징을 구체적으로 파악하고 있다. 또한 이들은 서비스의 특성 상 사람들과 대화를 할 수 있는 시간이 많기 때문에 사람들과 쉽게 친해지고 이주노동자들에 대해 세세히 알 수 있는 기회가 많아진다. 따라서 단골도 생겨나고 서로 인사하고 얼굴을 알아보는 사람들이 많이 생겨난다. 또 동네의 아주머니들의 사랑방처럼 운영되고 있는 미용실은 원곡동에서 일어난 사건에 대한 소문을 재빠르게 들을 수 있고 이야기 할 수 있는 공간인 것이다.

둘째, 상인들은 한국 사람들과 구분되는 이주노동자들의 외양이나 구매물품목록이나 구매방식을 파악하게 되고 그에 따라서 이주노동자들이 어디 출신인지 또는 한국에 온지 얼마나 되었는지를 구분한다. 이주노동자들이 먹는 식품은 따로 구비해 놓는 경우가 대부분이다. 상인들은 각국의 이주노동자들을 손님으로 맞이하는데, 물건을 고르고 계산하는 과정에서 이야기를 많이 하지는 못하지만 그들과 몇 마디 나누면서 서로에 대한 지식을 획득하게 된다. 또 자주 오는 손님과는 인사도 반갑게 하고 공들여 이야기 하는 시간을 갖기도 한다.

이러한 지식들을 바탕으로 상인들은 이주노동자들을 보면 그들에 대해 대략적으로라도 알아볼 수 있게 되었다. 한눈에 출신국가, 한국에서의 체류 기간의 정도는 쉽게 파악할 수 있게 되었다. 그 뿐만 아니라 이주노동자들은 단골 가게를 가지고 있는 경우가 많기 때문에, 상인들은 그들의 일상생활에 대해서도 곧잘 알게 되었다.

이처럼, 이주노동자들과 가까이에서 접하게 되는 상인들은 이주노동자들과의 접촉을 통해서 그들에 대한 정보를 습득하게 되고, 거꾸로 이러한 정보를 통해서 그들을 자신의 단골 고객으로 유치할 수 있게 되었다. 미용실 종업원은 한 눈에 어느 국가 출신인지 알아보고 그 나라 말로 인사를 하고 나라별 취향에 맞게 머리를 해 줄 수 있다. 정육점의 경우에도 각 나라별로 찾는 고기의 종류나 부위가 다르고 까다로운 취향을 만족시켜줄 수 있는 지식이 생기는 것이다. 또한 핸드폰 가게 등과 같이 제품구입과정에서 직접적인 설명이 필요한 직종에서는 각국 출신의 이주노동자 점원이 고용되어 물품 판매가 용이하게 이루어진다.

거리에서는 가게 상인들과 이주노동자들이 인사를 하는 모습을 쉽게 볼 수 있다. 이러한 이주노동자들은 상점 근처에 살고 있어서 아는 사이이거나 가게 단골들이다. 한창 작년 자진출국 기간에 출국했다가 돌아오는 이주노동자들이 많은데, 원주민들에 따르면, 대부분은 출국 전에 자신들이 살았던 방으로 돌아와서 방을 잡고 단골이었던 슈퍼에도 다시 반갑게 찾아온다고 한다.

그러나 서로 간에 이러한 이해가 조금이나마 가능해진 것은 얼마 되지 않은 일이다. 지역주민들이나 상인들에게 있어서 이주노동자들과의 문화적 차이는 분쟁을 발생시키게 하는 주요인이 되어왔다. 그 중에서 상인들이 가장 당황했던 것 중에 하나는 이주노동자들이 돈을 함부로 던지는 행위였다. 연구자가 한 가게에서 주인을 인터뷰

하는 도중에도 이주노동자 2명이 와서 물건을 사고는 돈 2,000원을 휙 던지고 비닐봉지를 낚아채듯이 가로채 가버렸다. 맨 처음에 그런 경험을 했을 때에는 시비가 붙기가 일쑤였다. 하지만 지금은 싸움까지는 나지는 않는다. 이주노동자들도 그런 부분을 많이 이해하고 한국의 실정에 맞게 행동하고 가게 상인들도 어느 정도 패턴을 파악하게 되었기 때문이다.

원곡동은 고기 소비가 많은 지역이다. 정육점 주인들은 이주노동자들이 한국 사람들에 비해 훨씬 고기를 많이 먹고 그만큼 장사가 잘 된다는 점을 인정한다. 그러나 장사는 잘 되었지만 고기 사는 방식이 달라서 처음에는 다툼도 있고 어려움도 많았다. 한국인들은 원하는 부위를 주는 대로 받아가지만, 이주노동자들은 어디를 달라고 따지면서 고기를 주물럭거린다거나 5,000원어치를 사는데 5,200원이 나오면 그냥 그대로 사가는 것이 아니라 200원어치를 떼고 달라는 등 한국적인 구매방식으로는 이해가 안 되는 행동들을 많이 했다. 하지만 지금은 대부분 단골고객이 되었으며, 한국 거주기간이 긴 이주노동자들의 경우에는 한국적 구매 관행에 익숙하기 때문에 정육점 주인은 최근 들어서는 그런 어려움 없이 장사를 할 수 있게 되었다.

방에 세를 놓는 방식도 마찬가지이다. 한국인들이라면 보증금을 많이 걸고 월세를 후불로 납입하는 방식으로 거주하지만, 이주노동자들은 대부분 여윳돈을 가지고 있지 않고 고국으로 송금해야 하기 때문에 보증금이 거의 없이 월세를 선불로 내고 살고 있는 상황이다.

원곡동에 가장 많이 살고 있는 사람들이 중국인들이다. 아무래도 주민들은 중국인들과 부딪칠 일이 점점 늘어나게 되고 그만큼 세력을 형성하고 있기 때문에 서로 맞부딪칠 일이 많다. 그 중에서 내국인 주민들이 이해하기 힘들었던 두 가지 대표적인 행위들이 있다. 첫째는 물건을 너무 심하게 깎는 행위이다.

[사례 V-2]

"중국 사람들은 깎아. 엄청 깎아. 20만 원짜리 방을 깎아달라고 그래서 중개사들 입장에서는 주인과 상의해서 18만원으로 깎았어. 방을 보고 나서는 계약하러 부동산으로 돌아왔는데 또 깎아달라고 그래서 주인도 화나고 우리도 입장이 난처해진 적이 많았지. 특히 3-4년 전만 해도 이런 중국인들이 많았어. 이해가 안 갔었는데 금은방 주인 말이 자기네 가게에서도 그렇게 깎아달라고 해서 깎아주니까 돈 줄 때 또 깎아 달라고 그랬다더라고. 중국은 원가가 만 원짜리 물건을 얼마에 팔 거 같아? 한국은 2만원 받으면 폭리라고 생각하지만 중국에서는 만 원짜리를 십만 원을 받아도 상관없다고 생각하니까 바가지 안 쓸라고 계속 깎는 거야. 지금은 한국의 상황을 많이 알고 있고, 나중 사람들한테도 알려 주었나봐. 그런 경우는 아주 가끔이지. 부동산 사람들끼리 열 받아서 방주지 말자고 그랬었는데 지금은 서로 그런 사정을 대충은 알게 되었지. 지금은 서로 알고 끝까지는 깎으려고 안 그러지." (고태준, 남, 72세, 부동산중개인)

중국인 이주노동자들은 오히려 한국인들이 물건 값을 깎아주지 않는 것에 대해서 이상하게 생각하였다. 중국에서는 부른 가격에서 많이 깎는 것이 이득인데 한국은 정해진 가격에서 깎아주지를 않으니까 이해를 할 수가 없었던 것이다. 한국인들의 입장에서는 약간이 아니라 계속 끝까지 깎고 또 깎는 행위를 용납하기 힘들었다. 지금은 이러한 거래할 때의 문화적 차이에 대해 파악할 수 있게 되었다. 대부분의 상점에서는 이주노동자들이 알아보기 쉽게 모든 물건을 소규모로 랩에 포장해 놓고 그 앞에 가격표를 놓거나 가격라벨을 붙여놓았다. 작은 상점에서는 잘 이용되지 않는 이러한 라벨링은 이주노동자들과 상인들 사이에서 서로 편리하게 판매하고 구매할 수 있는 하나의 방식으로 자리 잡았다.

그 다음으로 중국인들에게 불편함을 느끼는 것은 그들이 속옷차림으로 다니는 것이다. 동네 상점에 가서 물건을 사거나 손님이 왔을 때 거리낌 없이 속옷만 입고 나오는 모습은 동네 사람들에게는 민망한 일이었다. 하지만 실제로 중국인들은 중국에서 동네에만 나갈 때는 편한 잠옷 차림으로도 가는 것이 일상적이라는 점에서 서로 간의 문화 차이를 느낄 수 있는 부분이었다. 그래서 속옷차림으로 슈퍼에 나왔다가 단속반에게 걸려서 잡혀가는 사태까지 발생한 것이다. 하지만 속옷차림은 오히려 이 동네에서는 익숙한 일상적인 풍경이 되어버렸다. 반대로 어느 정도 한국적인 상황을 이해한 이주노동자들은 옷을 걸치고 외출하는 경우도 많아졌다.

특히 이주노동자들에 대한 정보를 많이 알고 있는 사람들은 원주민들 중에서도 이주노동자들과 직접 부딪치는 환경에 놓인 사람들이다. 이주노동자들에 대한 정보를 바탕으로 상인들은 이주노동자들을 자신들의 단골손님으로 만드는 전략을 사용할 수 있게 되었다. 반면에 원곡동에서 생산 활동에 종사하지 않으면서 주거생활만 하고 있는 원주민들은 이주노동자들에 대한 지식이 많지 않다. 이들은 이주노동자들과 어울리고 싶어 하지 않는 경우가 많고 따라서 이들과 마주치지 않기 위한 전략들을 세우게 되었다.

요컨대, 이주노동자들과 같은 동네에서 상호작용 하고 있는 주민들은 그들에 대한 지식을 획득하게 되었고, 원곡동에서는 다른 내국인 지역과는 새로운 지역 내의 질서가 생겨나게 되었다.

(2) 공간 인식의 정교화

이주노동자가 유입된 이후 원곡동 원주민들은 변화된 근린 환경과
공간 인식에 맞추어 변형된 인지지도(cognitive map)가 형성되었다.
인지지도는 원주민들 자신이 살고 있는 세부적인 지역에 따른 인식
의 차이를 반영한다. 잘 알고 있는 지역에 대한 인지지도는 더욱 더
세밀하게 분화되지만 익숙하지 않은 지역의 지도는 크고 덜 세밀한
구획으로 나뉜다. 이러한 과정은 범주적인 정체성의 형성과 대응한
다. 익숙한 지역에서 범죄에 관한 소문을 들으면, 사람들은 특정 지
점이 위험하다고 결정하지만 전체의 근린으로 이러한 태도를 확장시
키지는 않을 것이다. 그러나 익숙하지 않은 지역에서 유사한 사고를
듣게 된다면, 그들의 인지지도에서 위험에 대한 감각을 모든 구획에
일반화시키는 경향이 있다. 왜냐하면 그들은 피해야만 하는 모퉁이
나 거리를 짚어낼 수 없기 때문이다. 이러한 과정을 통해, 사람들은
자신에게 익숙하지 않은 지역은 위험하다고 인식하고, 반면에 익숙
한 지역의 범죄의 범람은 오직 몇몇 모퉁이나 블록이 위험한 것으로
인식될 뿐이다.[2]

원곡동의 근린이 이전부터 지니고 있는 구조와 이주노동자의 유입
현상이 맞물려서 구역의 이미지와 인식이 다시 구성되는 과정을 겪
게 되었다.

원곡동은 크게 두 구역으로 나뉜다. 원주민들은 상가와 주택이 혼
합된 안산역 전면에 위치한 "상업지구"와 안산역을 중심으로 오른편
에 위치한 다세대 주거를 중심으로 한 "주택단지"로 구분한다. 상업

---

2) ibid. 참조.

지구 구역은 안산역 앞을 중심으로 나 있는 거리를 따라서 전면에는 상가들이 입지해 있고 작은 골목골목으로 들어가면 단독주택들이 쭉 늘어서 있다. 주택단지 구역은 단독주택들이 밀집되어 있으며 골목마다 슈퍼 등 근린생활에 필요한 간단한 상점들 몇몇 개가 위치해 있다.

원래 상업지구 구역은 공단 노동자들의 회식장소로 이용되는 먹자골목이 위치한 곳이었다. 그리고 낮 시간대에는 주변 학교 학생들을 위한 소비 공간이었다. 그러나 이곳은 이주노동자들이 유입되고 나서는 그들의 주요한 소비 공간으로 변했다. 상업지구 구역이 이주노동자들의 소비 공간이 된 것은 이 지역에 이주노동자들이 많이 거주해서이지만, 이주노동자들을 대상으로 하는 상점과 편의·유흥시설과 이주노동자지원시민단체 등이 집중된 지역이라 이곳으로 타 지역의 이주노동자들까지 모여들기 때문이기도 하다. 주택단지 지역에 거주하는 이주노동자들뿐만 아니라 안산이나 타 지역의 이주노동자들이 일이 끝나는 저녁시간이나 주말이면 이곳에 와서 볼일을 보거나 쇼핑을 즐긴다. 주말이면 이주노동자들로 넘쳐나고 장을 보는 사람, 친구를 만나는 사람, 술을 마시는 사람, 게임을 하는 사람 등등 노동자 무리들이 개개인으로 또는 집단을 이루어서 이 거리를 점령한다. 따라서 예전처럼 회식을 하러 온 한국인 노동자들이나 떡볶이를 먹거나 학용품을 사기 위해 거리를 누비던 학생들의 모습을 찾아보기 힘들게 되었다.

이 구역은 각 나라별로 작은 골목으로 나누어 이름 붙여져 있다. 러시아 골목, 베트남 골목, 몽골 골목, 중국 골목 등 정확하게 구획된 것은 아니지만 각 골목은 그 나라의 식품점이나 음식점이 자리하고 있어서 각국의 이주노동자들이 모임을 갖거나 몰려다니는 구역을 형성한다.3) 가장 큰 구역을 차지하는 것은 중국인을 상대로 하는 골목이다. 상업지구 구역 전체적으로도 중국식품점이나 음식점 등 중국인을 상대로 하는 상점은 곳곳에 분포해 있지만, 특히 이 거리의 끝에 위치한 동사무소 뒤편에 위치한 골목들에서는 빨간 바탕에 중국어로 쓰인 간판이 물결을 이룬다. 식당 앞에 놓인 벤치에서, 거리를 지나다니는 행인들에게서 들리는 말도 중국어가 대부분이다.

원곡동 일대에서 발생하는 이주노동자와 관련한 사건사고들의 대부분은 상업지구 지역 중에서도 동사무소가 위치한 골목에서 일어난다고 해도 과언이 아니다. 상업지구 구역에서 장사를 하거나 거주하는 원주민들은 이러한 사실을 아주 명확하게 인지하고 있다. 이 골목에서 벗어난 곳에 사는 사람들은 자신의 가게나 집 앞이 그래도 "동사무소 근처"보다는 안전하고 조용한 공간이라는 점을 주장한다. 그리고 "동사무소 근처"에 거주하는 사람들은 자신의 집이나 가게 앞이 시끄럽다는 것을 순순히 인정한다.

[사례 V-3]

(주택사거리 골목에서 사진관 20년간 운영, 집은 건물 3층에 위치)

▸ 연구자: 어디가 가장 북적거리나요?

▹ 류택기(남, 57세): 이 골목이야. 사진관 있는 이 골목이 가장 북적거려. 이 골목 앞뒤골목도 그렇고. 안산역 바로 앞도 그렇고. 어제 밤에도 몽골 애들 술 취해서 그냥 떠드는데…… 고성방가하고 떠들고 미리 본국에서 기초질서교육을 받아왔어야 되는데……. 게임방이 24시간 돌아가는 곳이라 밤낮도 없고, 싸움질이 많아. 몽골 애들 지들 끼리 싸우고 떠들고…….어디다 대고 딱지를 떼어야 되는 거야? 신고해도

---

3) p. 58 그림 10 참조.

소용없어.

▸ 연구자: 여기 위험하다면 따님은 어떻게 생활하세요?

▹ 류택기: 우리 딸은 여기에 산지가 오래되어서 익숙하고 조심하기 때문에 걱정이 없어요.

상업지구 구역 중에서도 가장 시끄럽고 위험하다고 인식된 이 거리에 살고 있는 원주민들은 자신들이 여기에 살고 있으면서 겪게 되는 불편함과 위험에 대해 불만을 토로한다. 하지만 그들은 이러한 환경 속에서 위험에 대처하고 두려움을 감소시키기 위한 전략으로 거리의 사건들에 관여하지 않고 무관심하게 지나가버리거나 지인과 동행하거나 스스로 '호루라기' 등의 방어적인 보호 장치를 소유하고 다닌다. 위험에 대한 회피의 전략을 사용하고 있는 것이다. 그리고 이들은 위험한 곳에서 생활하는 만큼 이곳의 상황에 대해서 잘 알고 있기 때문에 '어떻게' 조심해야 하는지를 알고 있다. 원곡동 원주민들은 두려움에 대처하는 방식을 체득하게 된 것이다. 따라서 인터뷰 당사자의 딸은 위험한 지역에 살고 있음에도 불구하고 위험을 피하고, 두려움을 덜 느낄 수 있는 방법을 알고 있는 것이다.

주말에 이 구역 내의 시민단체로 처음 자원봉사를 온 한 여학생이 원곡동을 살펴본다는 명목 아래 잘 모르는 골목까지 돌아다니다가 한 동남아시아 계 이주노동자에게 뒤에서 확 껴안기는 바람에 울고불고 난리가 난 사건이 있었다. 이 사건은 원곡동 공간 인식과 이주노동자에 대한 지식이 하나도 없는 상황에서 발생한 사건이었다. 이 지역과 이주노동자들에 대해 잘 아는 원주민이었다면 발생하기 이전에 방지되거나 발생할 수 없었던 일인 것이다. 상업지구 구역 중에서

[그림 11] 상업지구 원주민의 인지지도

도 동사무소 골목은 사람들이 맞부딪치는 곳으로 인식되고 있지만
이 구역에 사는 원주민들은 지식과 경험이 축적되어 있어서 두려움
을 덜 느끼거나 사건들에 대처할 수 있게 되었다.

　주택단지 구역은 이전에는 노동자들이 밀집해 거주하던 지역이었
다. 그러나 이주노동자들이 유입되고 나서는 그들이 집단적으로 거
주하는 공간으로 변모하였다. 하지만 주택단지 구역은 상업지구 구
역과는 달리, 이주노동자에 비해 원주민의 비율이 높다. 그리고 이

지역은 상업지구가 아니라 주거지역으로 지정된 곳이기 때문에 상대적으로 상점들이 적고, 원곡초등학교와 원곡고등학교와 관산중학교가 둘러싸고 있기 때문에 학교주변정화구역으로 지정되어서 유흥업소가 입지하고 있지 않다.

[사례 V-4]

▶ 연구자: 치안은 어떤가요? 저쪽 국경 없는 거리는 공원에서 시끄럽고 하다는데요?

▷ 정수민(여, 30세, 주택단지 거주): 여기는 공원 같은 거도 없고 주택단지 안이라서 그런지 크게 시끄럽거나 그렇지는 않아요. 밤이 되면 중국인들이 많으니까. 아무래도 여성분들은 조금 위험하니 조심해야죠. 그래도 이쪽은 저쪽 거리보다는 나은 거 같아요. 저쪽은 동남아 사람들이 많은데 생김새가 다르니까 거부감도 들고······. 외형적으로 눈에 보이는 게 영향이 크죠. 거기(동남아, 러시아)는 체형도 더 크고, 피부색도 더 검고 아니면 다르고······. 그쪽은 잘 안다녀서 정확히는 모르지만요. 동네라는 게 한국인만 살아도 시끄러울 수도 있고, 중국인들이 있으면 우범지대일수도 있지만 실제 별로 피부로는 잘 안 느껴지고······. 그런 점도 있어요.

주택단지 세입자 중에는 중국인이 50-60%이상의 비율을 차지하고 있다. 그러나 주택단지 구역 주민들은 자신의 동네에 외국인들이 많이 산다는 것을 그다지 피부로 실감하는 편은 아니다. 상인이나 건물주가 아닌 이상에야 이주노동자들과 크게 마주칠 일이 없기 때문이다. 또 원주민들에 따르면, 중국인들은 한국인과 피부색과 생김새가 유사하기 때문에 거리에서 마주치더라도 구분이 힘들고 어색함을 거의 느끼지 않는다고 한다.[4] 또 중국인 중에서도 조선족들이 반 이상의 비율을 차지하기 때문에 의사소통에 어려움이 없다는 점에서도 그러하다.

주택단지 구역은 주거지역으로 중국음식점이 모여 있는 한 골목을 제외하고는 사람들이 몰려다니는 모습을 발견하기 힘들다. 앞에서도 언급했듯이 이곳에는 유흥업소가 들어설 수 없기 때문에 밤에도 사람들이 술 마시거나 행패를 부리는 일도 거의 없다. 주택단지 사람들이 자신이 살고 있는 곳과 상업지구 구역을 구분 짓는 용어는 "조용하다"와 "시끄럽다"였다. 이쪽은 주거지역이기 때문에 조용하고 그쪽은 상업지역이기 때문에 사람들이 많이 모여들고 소란스럽다는 점이다. 주택단지에 거주하는 사람들은 "안산역 앞 외국인들이 많이 사는 동네"에 자주 갈 일이 없는 경우가 대부분이며 가본 적은 있지만 "어색하고 위험할 것 같은 곳"이라고 말한다. 상업지구 구역은 "입맛에 맞지 않는 음식"을 팔고 "어두워지면 가지 말아야 할 곳"으로 규정되고 있다. 또한 주택단지에 사는 사람들은 상업지구 구역을 구분되는 골목골목으로 세세히 구분하고 규정하기보다는 "동남아시아 쪽 사람들이 많이 사는 곳", "위험해서 가지 말아야 하고 갈 일도 없는 곳"으로 뭉뚱그려 생각하고 있다. 상업지구 구역에 사는 사람들이 자신들이 사는 지역 내에서도 어느 지역은 덜 위험하고 어떤 골목은 사고가 많이 나고 위험한지 또는 골목마다 어떤 특색을 가지고 있는지에 대한 정보를 가지고 있기 때문에 두려움을 덜 가지고 있었던 데 비하

---

4) 그렇다고 해서 중국인과 한국인을 구별하지 못하는 것은 아니다. 주민들은 상대방이 중국인이라는 사실을 알더라도 별 신경을 쓰지 않아도 생각하고 있었다. 외모가 차이가 나는 동남아시아 사람들을 만났을 때와는 조금은 다른 반응이었다.

면, 주택단지에 살고 있는 주민들에게 있어서는 상업지구 구역 전체가 두려움의 공간이다. 이 지역 원주민들은 동네에서 들려오는 소문을 통해서 그쪽에서 일어난 사건에 대해서도 일정부분 알고 있는 부분들이 있지만 실제 정확히 어디에서 그런 사건이 발생했는지까지는 자세히 알지 못한다. 상업지구 구역 전체가 미분화된 이주노동자들의 공간, 두려움의 공간으로 그려지고 있는 것이다.

그렇지만 자신들이 살고 있는 주택단지 구역에 대해서는 너무나도 잘 알고 있으며, 상업지구 구역 주민들이 자신의 동네를 시끄럽고 위험한 곳과 상대적으로 그렇지 않은 지역으로 구분하였듯이, "조용한" 주택단지 내에서도 "언덕 너머"와 "학교 초입지역"을 구분 지으려는 시도가 이루어진다.

주택단지에서 원곡초등학교 "초입" 쪽에 위치한 동네에 사는 사람들은 상업지구 구역과 가까운 "언덕 너머" 동네를 자기가 사는 곳과 구분 짓는다. '언덕 너머'는 중국인들 중에서도 한국에 온 지 얼마 안 되는 "초기" 이주자들이 정착하는 지역으로 "한두 명씩 조용히 사는 학교 초입지역"과는 달리 "여러 명이서 좁은 방에서 집단적으로 거주하는 곳으로 이곳과는 분위기가 다른 곳"이다. "언덕 너머"에는 단체로 싼 맛에 거주하는 곳으로 "초입"쪽에 비해 "시끄럽고 어수선"하다. 물론 저 쪽 상업지구 구역보다는 이쪽이 전반적으로 "조용하다".

주민들에게 있어서 이곳 주택단지는 "까다로운" 중국인들이 많이 사는 곳이고 저쪽은 동남아에서 온 "깜댕이"들이 사는 곳이다.[5] 이곳

---

5) 이러한 국가별 거주지역의 차이가 나타나는 까닭은 각국의 이주노동자집단이 네트워크를 결성하고 민족별로 모여살고 있다는 사실을 반영하는 증거이다. 주택단지를 옆으로 끼고 길을 건너면 연립주택단지가 나오는데 이 지역은 성

주민들은 동남아시아 이주노동자들을 길에서 마주칠 기회가 있기는 하지만 실제로 접하는 기회는 적기 때문에 그들에 대한 지식이 많지 않다. 따라서 주택단지 원주민들은 동남아시아 사람들에 대해서 뭉뚱그려 말하는 경향이 있다. 또 실제로 그들이 위험한 집단인지의 여부를 가리기 이전에 이미 다른 외모의 사람들이 다수일 때 느끼는 두려움에 대해서 말한다. 이들이 볼일이 있어서 상업지구 구역에 갔을 때 내국인보다 많은 동남아시아 이주노동자들 사이를 지나다닐 때 그러한 분위기를 느끼고 돌아오곤 한다. 이러한 현상은 상업지구 구역의 상인들이 "오히려 동남아시아 사람들이 더 착하고 친절하다"라고 말하는 것, 이 구역주민들이 동남아시아 사람들과 친분관계를 맺는 사례가 있는 것과는 차이를 보인다.

주택단지 원주민들은 근린에 이주노동자들이 다수 거주하고 있음에도 불구하고 직접 접촉할 기회가 거의 없으며, 상인이나 건물주처럼 자신들의 생계나 이익이 이주노동자들과 직결되는 것도 아니라는

당을 중심으로 '필리핀'이나 '태국' 출신의 노동자들이 집중적으로 거주하는 지역이 있다. 연립주택단지에서는 방값이 저렴한 지하에만 이주노동자들이 거주하기 때문에 예배드리기 위해 성당에 모이는 일요일 미사를 전후한 시간 이외에는 이주노동자들이 많이 지나다니지 않는다. 이곳 이외에도 상업지구 구역과 조금 떨어진 곳에 안산 서민독신들의 공단 기숙사단지로 쓰였던 '뗏골'이라는 곳은 러시아나 중앙아시아 동포들이 와서 주로 거주하는 공간이다. 이주노동자들이 유입되던 초기에 두 지역에서는 중국인들이 꽤 많이 살았다는 공통점이 나타났다. 그러나 뗏골에서는 임금을 체불한 어느 기업주의 신고로 중국인들이 대거 잡혀가면서 중국인들의 모습은 보이지 않게 되었으며, 연립주택단지도 역시 어느 시점부터 중국인들이 다 사라지고 필리핀 사람들만 남게 되었다. 이주노동자들이 구역마다 집중되어 사는 현상은 그들 내부의 정보교환이나 상호작용 등 연망을 반영하는 것이라고 보아도 무방하다.

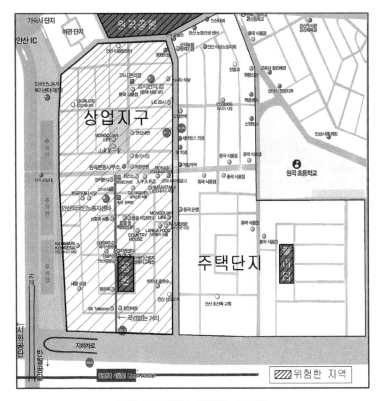

[그림 12] 주택단지 원주민의 인지지도

점에서 일부러 그들에 대한 지식을 습득하려 애쓰거나 긍정적인 태도를 보일 필요가 없기도 하다. 공단에 출근하는 주민들 중에는 오히려 이주노동자들로 인해서 자신의 주거환경을 침해받거나 일자리를 빼앗기게 되었다고 생각하기도 한다.

서틀스(Suttles 1972)는 '방어적인 근린'(defended neighborhood) 개념을 도입하여 안전하다고 생각하는 지역에 대한 사람들의 인식이 어떻게 구성되는지를 살펴보았다. 원곡동에 위치한 세 개의 공원은 이 같은 관점에서 보았을 때, 원주민들에게 있어서 방어적인 근린 안에 포함되지 않는 위험한 공간으로 인식되고 있었다. 공원들은 상업지구 구역에, 주택단지 구역에, 그리고 이 두 구역 뒤편에 위치한 언덕에 하나가 있다. 이 세 공원은 원곡동 원주민들 사이에서 끊임없이 위험한 장소로 회자되고 있으며, 실제로도 그들이 공원을 이용하는 모습이나 아이들이 놀이터에서 뛰노는 모습을 자주 발견하기는 어렵다.

먼저 상업지구 구역의 공원은 주말이 되면 이주노동자들을 위한 행사의 공간으로 변한다. 시민단체들이 이주노동자와 연합하여 집회나 노동자축제를 열기도 하고, 2005년 원곡동에 안산외국인복지지원과가 생긴 이래로는 매달 이주노동자와 원주민들을 위한 문화공연을 벌이고 있다. 그러나 이곳은 기본적으로는 밤낮을 불문하고 노숙자들과 이주노동자들이 항상 있다. 낮 시간에는 아이들이 놀기도 하고 노인들도 와서 앉아 있는 모습을 발견할 수 있지만 저녁이 되면 노숙자들이 술판을 벌이거나 이주노동자들이 무리를 지어 모여 있다. 또 이곳에서는 사람들끼리 시비가 붙기도 한다. 따라서 이 공원은 사방에서 훤히 보이는 장소임에도 불구하고 어두워지면 가까이 가지 말아야 할 곳으로 사람들에게 인식되고 있었다. 즉, 원주민들은 문화공연에는 호의적이지만, 평소에 공원에 노숙자와 이주노동자들이 모여 있는 것에 대해서는 두려움과 불만을 표시하고 있었다.

주택단지 공원놀이터에는 노숙자는 없지만 남성 노인들이 앉아서 담소를 나누고 있는 모습을 발견할 수 있다. 이들은 중국에서 온 조선족 노인들로 국적회복을 했거나 국적회복을 신청해서 대기 중인 사람들이다. 돈을 벌기 위해 한국에 온 젊은 생산계층들과는 달리 이들은 나이가 많아서 한국에서 일자리를 구하기가 힘들다. "노년"의 나이에 "무직자"인 상황에 놓인 국적 회복자들은 기초생활보호대상자로 지정되어서 생계비를 지원받고 있다. 따라서 이들은 특별히 할 일이 없기 때문에 놀이터에 나와서 둘 셋씩 모여 앉아 이야기를 하는 경우가 많다. 자녀를 둔 부모들은 애들을 "잘 알지 못하는 노인"들이 있는 공간에 두고 싶어 하지 않는다. 주택단지에 사는 원주민의 증언에 따르면, 이곳 놀이터가 보이는 곳에서 살 때는 애들을 밖에 내놓아도 안심이 되었는데, 놀이터에서 멀어진 곳으로 이주하면서는 애들을 내보내기가 불안하다고 말했다. 이런 점으로 미루어, 어떤 공간이 두렵고 꺼려지는 것은 통제력이 미치지 못할 때 더욱 그러하다는 것을 발견할 수 있다.

마지막으로 원곡공원은 원곡동 원주민들에게는 가장 접근하기 어려운 공간이다. 이곳은 언덕 위에 있기 때문에 급경사로 이루어진 높은 계단을 올라가야 공원을 이용할 수 있고, 아래에서 지나가면서는 공원 내부를 볼 수가 없어서 감시가 불가능하기 때문에, 원주민들에게는 가장 섬세하지 못한 정보를 가진 위험한 공간으로 인식된다. 따라서 원곡공원에 대해 온갖 부정적인 소문들이 사람들 사이에서 이야기되고 있었다. 원주민들은 공원 때문에 발생하는 두려움 해소를 위해 안산시 공원과에 민원을 넣어서, 이곳은 주민자치위원회와 체육회를 중심으로 '공원평면화 집단 요구서'가 받아들여져 검토 중에 있다.

또 원곡공원은 이주노동자들이 유입되기 이전부터 위험한 공간이었으며 이주노동자들이 유입되고 나서는 더욱 더 가까이 갈 수 없는 곳으로 원주민들에게 인식되고 있었다. 노숙자와 이주노동자, 탈선

청소년 등 정상적이지 않거나 '이방인'의 신분을 가진 사람들이 자주 드나드는 곳이 바로 이곳 공원인 것이다.

그러나 같은 공원이라도 거주지 가까이에 위치한 두 공원은 원주민들이 덜 두려운 공간으로 인식하고 있었다. 이들 공원의 공통점은 노숙자와 외국인 이주노동자들 즉, 이방인들에게 점령당한 공공공간이지만 앞의 두 공원은 거리에서도 쉽게 관찰이 가능하고 위험요소를 발견하는 즉시 해결할 수 있다고 생각하는 반면에, 원곡공원은 접근도 어렵고 아주 위험한 곳으로 두려움을 불러일으키는 공간으로 인식되고 있었고, 이곳을 평면화하거나 없애야 한다는 요구는 이러한 태도를 반영한 것이다.

이처럼 원주민들은 이주노동자에 대한 지식을 습득하고, 그들로 인해 변화한 공간 인식의 정교화를 통해 두려움을 다룰 수 있게 되었다. 두려움을 다루는 방식은 그들이 처한 상황이나 살고 있는 위치에 따라 다르게 나타나며, 이러한 인지지도의 형성은 원주민들의 실질적인 행동에 영향을 끼치게 되었다. 따라서 일련의 변화들은 시간이 지남에 따라 이주노동자들과 함께 살아갈 수 있는 여건이 마련되어 가고 있음을 보여준다.

2. 공존의 모색

원주민들의 이주노동자들에 대한 지식이 증가하고, 원곡동에 대한 공간 인식이 정교화 되는 과정을 통해 두려움을 다룰 수 있게 되었다. 두려움을 넘어선 공존의 가능성을 발견한 것이다. 그러나 공존이라는 것은 쉬운 문제가 아니며 현실적으로 남아있는 문제들에 대한 대처방안이 원주민들을 통해서 지속적으로 이루어지고 있음을 마지막 절에서 보여주고자 한다. 이는 치안과 지역발전, 나아가 상호이해의 차원에서 이루어지는 노력으로, 원주민들이 주도적으로 공존을 위한 변화를 모색해나가는 모습을 살펴보겠다.

(1) 치안

무엇보다 지역주민들이 관심을 갖고 개선하려고 하는 것은 치안문제이다. 원곡동에 이주노동자들이 유입되면서 원주민들은 이전에 내국인끼리만 원곡동에 거주하던 것과는 다른 상황에 놓이게 되었다. 한국의 법규범이나 질서에 익숙하지 않은 이주노동자들의 위반행위 때문에 원주민들은 불편이나 불쾌감을 느끼게 되는 경우가 발생하게 되었으며, 이주노동자들의 일탈행위로 인해 위험이나 두려움을 느끼게 되었다. 따라서 원주민들은 원곡동의 특성 상 다른 지역에 비해 치안에 더욱 더 신경을 써야 함에도 불구하고 적극적인 모습을 보이지 않는 원곡지구대 파출소의 출동태도에 대해서 많은 불만을 가지고 있었다.

원곡지구대 파출소의 입장에서는 인력이 부족한 상황에서 최대한 빠르게 출동을 해도 늦을 수밖에 없는 현실적인 여건을 원인으로 돌린다. 그러나 원주민들의 입장에서는 경찰이 나서서 도와주어야 할 규모의 사건임에도 불구하고 깊게 관여하기 싫어한다고 불만을 표시한다. 원주민들에게 경찰은 복잡한 일에 휘말리기를 꺼리고, 자신들의 신변의 안전을 위해서 도둑이나 폭력범들이 달아나고 나서야 늦장 출동을 하는 것으로 비추어지는 것이다. 한 노래방에서 발생했던 중국인과 주인 간 폭력사건의 경우에도 주인이 흠씬 두들겨 맞은 후에야 경찰이 출동한데다가 범인들을 잡아 가두지도 않고 훈방 조치한 반면에, 노래방은 영업정지를 당한 사건에 대해서 당사자와 주변의 목격자들이 분노하기도 하였다. 그러나 원주민이나 경찰들이 보이는 태도에서 공통적으로 발견할 수 있는 사실은 원곡동이 사건사고가 많이 발생하는 지역이라는 점이다. 그로 인해 원주민도, 경찰도 이러한 현실에 어려움을 느끼고 있는 것이다.

따라서 원주민들은 수동적으로 앉아서 공권력의 제재를 기대하지 않는다. 그들은 스스로가 발 벗고 치안유지를 위한 노력을 기울이고 있다. 그래서인지 이곳은 90년대 후반 이후 소강상태였던 자율방범대를 부활시켜 고잔동 등 내국인들만 사는 지역에 비해 활발한 활동을 벌이고 있다. 동사무소 등 관공서 차원의 활동비 지원도 다른 동에 비해서 많이 제공되고 있다. 그러나 이 지역은 저소득 계층과 이주노동자들이 많이 거주하는 지역이기 때문에 여유와 관심을 갖고 치안에 참여할 수 있는 인원이 많지 않다. 이는 상인이나 건물주들 중에서 외지 유입인들이 많아진 것도 하나의 요인으로 작용한다. 그러나 많은 인원은 아니지만, 이곳에서 오래 살아왔으며, 통반장을 맡고 있거나 상우회를 결성하여 활동을 벌이고 있는 지역주민자치위원들을 중심으로 자율방범대 활동이 이루어지고 있다.

자율방범대는 남녀 모두로 구성되며 지역 야간순찰은 저녁 9시정도부터 새벽 1시정도까지 이루어지는 경우가 대부분인데 여성과 남성 대원이 함께 일일 당번제로 자율방범대 소속 방범 차량을 운행하면서 지역 구석구석을 돌며 순찰을 한다. 여성대원은 보통 9시에서

11시까지 남성대원과 같이 순찰을 돌고 더 늦은 시각에는 남성대원들끼리 순찰을 돈다.

자율방범대의 주기적인 순찰은 지역의 사건사고를 예방하고 질서를 유지하려는 데 목적이 있다. 실제로 발생한 사건을 직접적으로 처리하려고 하기보다는 사건을 발견하는 즉시 경찰에 신고해서 신속한 처리가 이루어질 수 있도록 조치를 취하며, 지역거주민들이 주기적인 순찰을 돈다는 사실을 인지하고 상대적으로 안정되고 조용한 환경에서 생활할 수 있게 하는 것이 이들의 목표이다. 그리고 원곡동 자율방범대원들은 한 달에 한 번씩 자율방범대 모임을 지속적으로 하면서 구역 정비에 대한 실천방안을 논의한다.

원곡동 자율방범대 월례회의(2006. 6. 28) [사례Ⅴ-5]

(자율방범대에서 월례회의에 원곡파출소장을 불러서 지역 치안과 기초질서에 대한 논의를 하였다.)

▸ 자율방범대장: 집에서 밤에 불을 다 끄고 자려고 해도 시끄럽습니다. 단속을 집중적으로 해야지 안 먹혀요. 기초질서법에 대해서도 플래카드 붙여놓고 범죄 등을 저지르면 집으로 보내겠다는 것을 강력하게 알려야 합니다. 싱가포르 여행 다녀오신 분 있으실 텐데, 여행 갔다 오신 분 거기서 껌 씹으면 벌금 문다는 거 아시죠? 우리가 싱가포르 가서 껌이나 제대로 씹은 적 있었습니까?

▸ 방범대원1: 외국인들 교육하기가 힘듭니다. 저는 기초질서니 이야기를 하는 거부터가 말이 안 되고 그거보다도 외형적으로 쓰레기차 한 번 더 돌아주는 게 나을 것 같습니다. 아니면 우리 방범대 복장 입은 사람들이 한 번 더 왔다 갔다 하는 게 나은 거 같습니다.

▸ 자율방범대장: 외국인들이 실정법에 어긋나는 행동을 하면 딱지를 떼서 여권에 붙이면 어떻습니까? 나중에 출국할 때 다 나올 것 아닙니까?

여권에 붙은 딱지 떼서 돈을 내게 하는 겁니다.

▶ 방범대원1: 차라리 그렇게 하면 우리나라 전체가 하면 모를까 원곡동의 외국인들이 다 날라가버립니다.

▶ 자율방범대장: 그러니까 기초 질서를 강하게 단속하는 대신 외국인들에게 다른 측면에 있어서는 편하게 해주자 이겁니다.

▶ 방범대원2: 여기 원곡동에서는 외국인들이 더 상전이에요. 숫자도 더 많고 우리 한국인들을 깔아뭉개려고 해.

▶ 자율방범대장: 나쁜 사람들도 있고 우리한테 잘 하는 사람들은 가게에도 잘 찾아와. 불법도 편하게 왔다가 가게 하자고요. 주민들도 불평하고 지적만 할 것이 아니라 주민도 합세해서 이 동네 길이 평온한 길이 되도록 해야 합니다. (음식점) 사장님께서 말씀하신 한국인의 정 같은 마음을 우리는 외국에 가서 못 받고 옵니다.

▶ 자율방범대원1: 너무 또 이렇게 살벌하게…… 힘들긴 힘든 문제인데 외국인들이 한국에 와서 재미보고 돈 벌어 와서 좋긴 좋은데.

▶ 자율방범대장: 같이 해보자고요. 홍보, 알리는 차원에서

▶ 방범대원2: 놀이터가 제일 문제여. 정비가 이뤄져야 되요.

▶ 경찰: 훔쳐가지 않고 서 있는 것만으로는 잡아갈 수가 없어요. 우리 경찰이 나서기가 어려운거에요. 길에 서 있는 외국인들 불법도 요즘에는 함부로 못 데려 가요. 노숙자도 국가에서도 못 해결하잖아요. 여기만 기초질서를 단속하는 것은 편파적이에요. 형평성이랑 공평성이 있어야 되잖아요. 다른 지역에서 불공정하다고 나오잖아요............(중략)..............

▶ 방범대원3: 방범과 경찰 힘 합쳐서 범죄 일어나지 않게 하고…….

▶ 경찰: 자율방범대가 야간 순찰을 돌아야 합니다. 더불어서 지구대가 같이 순찰을 돌아서 즉각 신고처리를 해야 합니다. 이렇게 한다고 해서 완전히 범죄가 없어지지는 않습니다. 최대한 노력해서 줄여보자는 거지요. 자율방범대가 역할이 많습니다. 활동을 열심히 해주신 덕분에 원곡동이 많이 좋아졌어요. 걱정했던 것보다는 조용한 것 같습니다. 항

상 외국인이 많음에도 불구하고 별 일이 없는 것은 다행이라고 생각합니다.

▸ 방범대원3: 옛날에는 걷지도 못했어.

▸ 방범대원2: 한국인들 못 걸어 다녔지.

▸ 자율방범대장: 일요일 지나고 월요일 아침에 완전 쓰레기로 덮이잖아........(중략)...........

▸ 자율방범대장: 우리가 먼저 기초질서를 실행해야 됩니다. 범죄예방의 기초가 기초질서입니다. 누가 시작을 해서 계속적으로 가느냐가 문제입니다. 공원도 없애는 게 문제가 아니라 사용을 원활히 할 수 있도록 공원 안전 망치지 않도록 길을 넓게 만들어야 합니다. 다음번에는 기동순찰대와 동장을 모시고 회의가 있을 겁니다.

지역주민들은 쓰레기 투기, 고성방가, 교통질서 위반 등의 이주노동자들의 기초질서 위반 행위가 원곡동의 치안의 불안을 가중시키는 중요한 요인이라고 인식하고 있었다. 지저분한 거리, 소란스러운 밤거리, 지켜지지 않는 신호체계는 원곡동이 단순히 이주노동자들의 기초질서 위반 행위가 벌어지는 공간으로 그치는 것이 아니라 범죄에 노출된 장소로 인식되게 만든다. 위험은 폭력의 직접적인 발생을 넘어서 이웃의 사회적 지위(status)와도 밀접하게 연관되어 있다. 이웃과 주변 환경에 대한 무관심의 지표들은 도시 이웃들의 '믿음의 손실'을 가져오고, 이러한 무관심은 범죄를 저지르기 쉬운 분위기를 조성하기 때문이다(Merry 1981). 따라서 원곡동 원주민들은 이 지역의 기초질서 유지와 범죄예방을 위한 자율방범활동을 벌이고 있다. 질서 잡힌 지역 분위기가 조성되어야지만이 원곡동의 치안 상황도 개선될 것으로 기대하고 있는 것이다. 경찰서에서는 원주민들의 민원을 받아들여 몇몇 지역에 CCTV를 설치하였으며, 경찰병력인원이 확대될 예정으로 있다. 또한 외국인상담센터 건립을 앞두고 지구대를 확장하는 공사까지 갑자기 진행되게 되어서 곧 있을 지역에 대한 경찰의 향상된 서비스를 기대하는 목소리가 높다.

따라서 그 중에서도 기초질서 위반 행위의 대표적인 쓰레기 투기에 대한 원주민들의 요구는 정부기관이나 시민단체의 개선을 위한 활동을 이끌어냈다. 시에서는 투기단속을 강화하였다. 투기 적발 시 벌금을 100만원으로 강화했다. 원곡동 곳곳에 중국어, 영어, 한국어 등 3개 국어로 된 플래카드를 내걸고 쓰레기 상습 투기지역에 경고팻말을 붙였다. 또 집집마다 3개 국어로 된 벌금 안내문을 돌렸다. 외국인복지지원과에서는 주민들이 이주노동자와 시민단체와 벌이는 '거리청소'에 재정적 지원을 하게 되었다. 그 외에도 원곡동 주민자치위원들은 매주 수요일 오전 11시에 거리환경정화활동을 한다. 동사무소에서 제공하는 관내 봉고차를 이용하여 곳곳을 돌아다니면서 불법 전단지를 제거하고 쓰레기를 줍는다.

이러한 원주민들을 비롯한 여러 집단의 기초질서를 정비, 유지하기 위한 시도들을 통해, 원곡동의 분위기는 원곡동에 이주노동자들이 급격히 유입되어 혼란을 겪던 2002-3년에 비해서는 많이 개선된 편이다. 이주노동자들도 본국과는 다른 한국의 규범과 질서에 대해서도 알고 익숙해질 수 있는 기회와 시간이 주어졌다. 그러나 거리청소 등의 노력이 이루어지고 있음에도 불구하고, 직접 실천을 위해 나서는 원주민이나 이주노동자들은 소수에 그치고 있는 실정이다. 지역의 실정에 관심이 많지 않은 일반주민들은 거리청소가 있다는 것을 알지만 적극적으로 참여를 하지는 않으며, 이주노동자들 역시도 주야간으로 일을 하기 때문에 주말에나 거리청소가 이루어져야

[그림 13] 쓰레기 투기 금지 플래카드 (저자 촬영)

참가가 가능하지만 시민단체나 종교단체를 중심으로 참여하는 이주노동자들을 제외하고는 이러한 활동에 참여하는 사람이 드물다. 서로 시간을 맞추어 함께 청소를 하기가 어렵기 때문에, 합동으로 청소를 한 경험이 있는 원주민들은 이러한 활동에 대해 긍정적인 경험으로 받아들이고 있지만, 이주노동자와 원주민들 간의 상호작용이 활발하게 이루어질 정도로의 능동적인 행사진행은 시 정부나 원주민들 모두에게 있어서 아직 미흡한 수준이다.

대부분 중년 이상의 여성이 높은 비율을 차지하는 조선족이나 결혼해서 가정을 이루고 있는 이주노동자들의 경우에는 살림을 체계적으로 하는 경우가 많기 때문에 쓰레기 종량제와 분리수거에 있어서도 나은 모습을 보여주고는 있지만 대다수가 젊은 남성 중심의 이주노동자 집단 내에서 쓰레기 투기 문제를 완전히 해결하는 것은 어려운 일이다. 그러나 예전 같았으면 이주노동자들 전체가 미분화된 집단으로 쓰레기를 투기하는 주체였다면, 지금은 대략적으로 어떤 집

[그림 14] 거리 청소 (저자 촬영)

단의 어떤 사람들이 투기를 하는지에 대한 인식이 생겨났다. 그리고 이주노동자들의 한국체류기간이 길어지면서 관련 질서에 대한 지식을 획득하게 되고 위반할 확률이 줄어들게 되는 것도 한 요인이다.

[사례 V-6]

"오래 살다가 보니까 어느 놈이 도둑놈이다 감이 와. 교포들이 와서 얘기도 해줘서도 알게 되고. 그 도둑놈이 훔친 자전거를 나한테 팔았어. 자전거 주인이 다음 날 나한테 찾으러 왔더라고. 나는 쪽팔려서 아무 말 안하고 바로 자전거를 돌려줬지. 지금도 그 놈 돌아다녀. 저 앞 식당에 것을 훔쳐다가 나한테 팔더라고. 자기가 중국에 들어가는데 3만원에 팔겠대. 그래서 싸다고 생각하고 샀지. 장물인줄은 생각도 못하고 샀더니 그런 짓을 했더라고 그놈이. 아직도 돌아다녀. 그 놈 자전거 타고 밤에 돌아다녀. 자전거뿐만 아니라 도둑질 다 할 놈이야. 신고하고 싶어도 자전거 타고 휙 가버리면 잡을 수가 없잖아." (이봉걸, 남, 54세)

한 원주민은 이제는 '도둑놈'이 대략 어떤 사람인지 짐작이 간다고 했다. 주변에서 들려오는 소문이나 다른 이주노동자들이 제공한 정보는 일탈행위의 주체와 성향, 구체적인 상황까지도 짐작할 수 있게 만드는 것이다. 슈퍼를 운영하는 등 이주노동자들과 상호작용을 하면서 지내는 원주민들은 그들에 대한 지식을 가지고서 두려움과 위험에 대한 조치를 취할 수 있게 되었다.

외국인 이주노동자들의 입장에서도 '불법'이고 정식 노동자의 신분이 아니었던 것에서 벗어나 정식으로 고용허가제로 입국하거나 국제결혼 등의 방식으로 귀화신청을 하여 터전을 잡는 사람들도 생겨났으며, 조선족의 경우에는 국적회복이 가능하기 때문에 한국 땅에서 이방인이 아니라 자리를 잡고 살아가려는 사람들이 증가함에 따라 지역의 내국인 주민들과의 소통의 기회가 생겨나고, 법질서를 지키려는 움직임을 보이고 있기도 하다. 그럼에도 질서와 규범 준수의 방향으로 인식과 실천의 변화가 일어나고 있지 않은 외국인 이주노동자들이 아직도 많기 때문에 지속적인 관심이 필요한 것도 현실이다.

이주노동자들이 가장 많이 지나다니는 주택단지 사거리에서 원곡동에서 이주노동자들과 시민단체가 주축이 된 집회에 대한 경찰병력의 지원 활동은 주민과 이주노동자 모두에게 익숙한 풍경이다. 근래에 들어서 원곡동에서 주말 오후 등의 시간을 이용해 이 부근에서 열리는 집회나 행진에 경찰병력이 동원되어 호위를 하고 주변 환경 질서를 정리하는 역할을 담당하고 있다. 경찰의 호위는 행진 중에 일어날 수 있는 다툼을 방지하기도 하고 거꾸로 이주노동자들을 보호하는 역할을 한다. 이러한 모습 속에서 원곡동 지역에서 이주노동자로 인해 변화한 치안의 단면을 살펴볼 수 있다. 이는 외국인 이주노동자와 내국인 주민들이 함께 살게 되면서 변화한 상황 속에서의 변화된 질서의 모습이다.

(2) 지역발전과 상호이해를 위한 노력

원곡동 원주민들 치안 이외에도 원곡동이 어떻게 발전하는가에 관심이 있다. 원주민들은 외국인 이주노동자들이 들어오고 난 이후에 변화한 환경에 대처하기 위해 지역발전에 더욱 많은 관심을 기울이게 되었다.

원주민들은 안산이 전국에서 최초로 외국인복지지원과를 원곡동에 설치하는 등 외국인이주노동자들을 지원하는 사업에는 선도적인 역할을 담당하고 있다고 자랑처럼 이야기한다. 그러나 외국인 이주노동자에 대한 안산시의 적극적인 지원은 이주노동자와 원주민의 관계 형성에 간접적으로는 긍정적 요인을 제공하겠지만 원곡동의 원주민들의 발전과 복지를 위한 직접적인 조치는 아니다. 원곡동 원주민들의 가장 큰 관심은 내가 살고 있는 터전인 원곡동이 어떻게 발전하는 가에 있지 외국인들이 살기 좋은 환경이 형성되기를 바라는 마음을 가지고 있는 것이 아니기 때문이다.

원주민들은 이주노동자와 함께 살아야만 하는 원곡동이 다른 내국인들만 사는 지역에 비해서 여러 가지 해결해야 할 문제들도 많고 발전을 위해 몇 배로 더 힘써야 한다는 점을 강조한다. 안산시가 외국인의 복지에는 선도적인 역할을 담당하면서도 정작 이주노동자들과 일상생활 속에서 부딪쳐가면서 생활해야 하는 원주민들에 대한 관심을 기울이지 않는 것에 대해서는 불만이 많은 것이다. 원주민들도 이주노동자들이 어려운 환경 속에 놓인 약자이고 도와주어야 하는 것도 알고 있다. 하지만 "세금도 내지 않는 외국인"들이 자신들이 "뼈 빠지게 벌어서 낸 세금"으로 지원을 받는 것은 납세자의 입장에서는 납득할 수 없는 일이다. 그리고 자신들에 대한 안산시 당국의 정책적인 노력의 모습을 발견할 수 없는 원주민들은 자신들이 낸 세금이 다시 원주민 사회를 위한 지역발전에 쓰이고 있지 않는다고 생각한다. 그들 중에는 원곡동에 위치한 안산외국인복지지원과에 외국인 지원정책에 항의하러 가는 사람들까지 있다.

원곡동은 안산의 초기 발전지역으로, 원주민들은 이미 노후화된 환경 속에서 살고 있는 자신들을 위한 정책이나 지원이 무엇보다 먼저 이루어져야 한다고 생각한다. 특히 원곡동은 상가용도지역으로 설정되어 있어서 거두어들이는 세금이 많음에도 불구하고, 다른 아파트 등 주거 전용지역에 비해 지원이 거의 이루어지고 있지 않다고 생각하기 때문에, 원주민들에 의한 항의 민원이 들어간 상태이다.

그러나 원곡동은 이주노동자 없이는 지역경제가 유지되지 않는 지역이기도 하다. 지역발전을 위해서 전제되어야 할 것은 지역경제의 활성화인데 완전히 경기가 침체되었던 원곡동을 되살려준 주체가 바로 이주노동자들이기 때문이다. 원주민들 중에는 이주노동자들로 인해 지역이 피해를 입었다고 생각하는 사람들도 있지만, 이주노동자들 덕분에 지역이 그나마 유지되고 활기를 되찾았다고 인정하는 사람들도 있다. 그러나 이 지역에 사는 노동자계층은 불만을 표시한다. 반월공단의 일자리와 저렴한 주거와 편리한 교통 시설 등을 모두 이주노동자들에게 빼앗겼다고 생각하기 때문이다. 반면에 이 지역 경제 이해관계와 즉결되는 상인이나 임대업자들은 이주노동자들이 유입으로 인해 주거생활환경에 애로 사항이 있기는 하지만 경제 활성화를 통해 자신들의 생계를 유지하는 데 결정적인 역할을 그들이 담당한다는 점을 인정한다. 즉, 이주노동자의 유입은 원곡동의 경제가 살아나는데 결정적인 역할을 담당하는 등의 긍정적인 측면이 있지만, 근린생활에서의 유입으로 생겨난 마찰은 지역의 원활한 발전을 방해하는 등의 부정적인 측면 역시 지닌다. 그들의 유입과 지역발전의 상관관계는 단순히 평가할 수 있는 부분이 아닌 것이다.

원주민들 중에서는 외국인 이주노동자들이 다 나가고 다시 내국인들로 채워지기를 바라는 사람들도 있다. 그러나 위에서 인터뷰한 한 원주민의 의견처럼 이미 이주노동자들이 상당수 살고 있고 그들에 맞추어 변화가 일어난 근린지역에 다시 내국인들이 들어오기란 쉽지 않은 일이라는 것이 대부분의 사람들이 인정하는 점이다. 따라서 오히려 외국인 이주노동자와 함께 거주하는 상황을 적극적으로 활용할 수 있는 발전계획이 수립되는 것이 현실적인 방안이라는 것을 주민들은 인식하고 있었다. 이러한 주민들의 지속적인 발전의 요구를 받아들여 안산시에서는 외국인집단거주지역의 특징을 반영한 다양한 정책을 구상하게 되었다[6].

원곡동 지역발전협의회 임원을 주축으로 원주민들은 계획을 빠른

---

6) 〈원곡동에 30억투입 '국경 없는 마을' 조성〉 만남의 광장, 국가별 특화거리등 구축 안산시는 외국인 밀집지역인 원곡동에 다문화 공동체 모델인 '국경 없는 마을'을 조성한다고 24일 밝혔다. 국경 없는 마을은 대규모 대중교통 환승센터가 설치될 안산역-원곡본동 준주거지역 9만여㎡로 만남의 광장, 외국인 문화의 집, 국가별 특화거리등이 들어설 예정이며 국, 도비를 포함해 모두 30억 원이 투입된다. 시는 내년 초 국경 없는 마을 조성을 위한 설계 용역을 발주해 하반기부터 본격적으로 조성에 나설 계획이다. 특히 내년 3~6월 만남의 광장 및 소 공연장을 먼저 조성할 계획이다. 안산시에는 시화, 반월공단이 위치해 동남아 국가를 중심으로 전국에서 가장 많은 30여 개국 3만2천여 명의 외국인(불법 체류자 포함 5만여 명 추산)이 거주하고 있다. 시 관계자는 "국경 없는 마을을 조성하고 여기에 관광인프라를 구축해 관광명소로 활용해 나갈 계획"이라고 말했다. (「안산저널」, 2006. 11. 28.)

시일 내에 성사시키기 위한 압력을 시정부에 지속적으로 넣었고, 2006년 11월 본격적인 계획실행일자가 나왔다. 시에서는 이 지역을 외국인거리로 특성화시키기 위한 계획을 2007년 초부터 본격적으로 진행하기로 했다.

원주민들은 원곡동이 인천의 '화교촌'처럼 외국인거리로 특화되길 바란다. 그렇게 된다면 낙후된 지역을 재건축을 통해 새로이 조성하고, 외부인들을 관광객으로 받아들여 지역의 소비가 활발해질 뿐만 아니라, 대외적인 인식이 긍정적으로 바뀔 것이라는 기대 때문이다. 궁극적으로는 이러한 일련의 노력이 지역의 발전과 자신들의 생활향상에 도움이 될 것이라고 생각하고 있는 것이다.

하지만 무엇보다 걸림돌이 되는 것은 예산문제이다. 원곡동 거리를 새 단장하기 위해서는 막대한 지원이 필요한데 지역 차원에서는 돈을 갹출하기 어려울 뿐만 아니라 시에서도 거리와 상점 정비를 위한 자금을 원곡동 지역만을 위해서 확보하기 어렵기 때문이다. 정부에서는 일정 금액을 투자하여 원곡동을 변화시키겠다는 구체적인 계획을 발표했지만, 원주민들이 원하는 대로 발전 계획이 세워지고 자금이 지원된다고 할지라도 원곡동 거리의 변화가 지역주민들이 원하는 발전과 이익을 가져다 줄 수 있을지는 미지수이다.

이러한 거리조성계획 뿐만 아니라 원곡동 원주민들은 스스로의 자구책들을 구상하여 지역의 개선과 발전을 위한 노력을 기울이고 있다. 안산시 중에서도 원곡동은 반월공단이 개발되면서 토박이 원주민의 이주민단지로 형성된 지역이기 때문에 원곡동 원주민 중 상당수가 이 지역에 거주한지 오래된 사람들이다. 그들은 이 지역에 기반을 두고 생활하고 있고 애착심을 가지고 있기 때문에 지역의 발전과 안녕에 관심이 많다. 반면에 이 지역은 공단에 근접해서 유동인구가 많은 지역이기도 하기 때문에 지역 일에는 관심을 보이지 않는 사람들도 역시 존재한다. 그럼에도 불구하고 원곡동에 애착을 가지고 있는 원주민들을 중심으로 지역운영과 발전을 위한 주민자치위원회, 상우회, 통반장 협의회, 자율방범대 등이 활발하게 운영되고 있었다. 특히 이 지역의 통반장 협의회는 시장도 함부로 못할 정도의 영향력과 전통을 자랑하고 있다. 각 조직은 한 달에 한 번 정도의 정기적인 모임을 가지며, 원곡동의 안녕을 위해 노력하고 있었다. 지역 주민 위원들이 주관하는 대부분의 회의에서 제기되는 안건은 "이주노동자의 유입으로 인해 발생하는 지역의 현안들을 어떻게 해결할 것인가"이다. 그들은 타문화에서 온 이주노동자들과 겪게 되는 차이나 갈등을 효과적으로 시정할 수 있는 방안에 대한 논의도 한다. 기회가 될 때마다 시민단체와 외국인 이주노동자들, 복지지원과 관계자, 경찰들을 모아다 놓고 이 지역의 발전을 위해서 어떻게 해야 하는지에 대한 의견을 수렴하는 것에서부터 자율방범대나 쓰레기 투기문제해결 등의 활동을 어떻게 효과적으로 실천해야 하는가에 대한 이야기를 한다. 즉, 원주민들은 이주노동자들과 함께 살아가면서도 발전할 수 있는 공존의 방안을 모색하려는 움직임으로 보이고 있는 것이다.

상호 소통적 논의를 위한 모임의 일환으로 원곡동 원주민들은 시민단체, 외국인 이주노동자, 관공서 관계자들과 함께 '국경 없는 마을 간담회'를 정기적으로 개최한다. 모임의 시작은 외국인 지원 시민단체[7]의 제안에 의해서였지만, 원주민들 역시도 간담회를 소통의 장으

---

7) 대표적으로 원곡동의 한 가운데에 위치하고 있으며 안산 지역에서 가장 규모

로 활용하기 위해 적극적으로 주도하고 참여하게 되었다. 간담회에서는 각 집단의 입장을 들어보고 서로 간의 의견 차이를 좁히며 발전적인 방향을 모색하는 자리를 만든다.

첫째, 간담회에서 논의되는 내용은 위에서도 언급되었듯이 원곡동을 발전시킬 수 있는 방안에 대해서다. 최근에는 원곡동을 '외국인 거리'로 활성화시키기 위한 방안에 대해서 구체적인 논의가 이루어지고 있다. 둘째, 간담회에서는 서로에 대한 의견을 허심탄회하게 말하는 자리가 마련된다. 이주노동자들의 입장에서는 아직 미비한 이주노동자들에 대한 산재나 복지에 대한 불만, 지역 원주민들의 부정적인 시선들에 대해서 이야기한다. 지역 원주민들의 입장에서는 이주노동자들의 범죄행위나 기초질서를 잘 지키기 않기 때문에 겪게 되는 쓰레기, 고성방가 등의 문제 등에 대해서 이야기한다. 특히 원주민들과 경찰은 이주노동자들이 저지르는 일탈행위에 대해서 이주노동자와 연계가 이루어지고 있는 시민단체에서 중재해주기를 요청

가 큰 안산이주민센터(구 안산외국인노동자센터)에서는 기본적으로 한국 내 열악한 환경에 놓인 이주노동자들을 위한 노동상담센터와 인권상담센터, 국제결혼가정 혼혈인 아동을 위한 '코시안의 집', '블링크'라는 이주여성상담센터, 한글학교 등을 운영한다. 그 외에도 매주 주말마다 지속적으로 이주노동자들을 위한 체육대회, 문화축제 등의 행사를 적극적으로 벌인다. 종교 활동이 동시에 이루어지고 있기 때문에 이곳에서는 '다문화교회'라고 해서 지역주민과 외부지역사람들, 그리고 외국인 이주노동자들이 함께 예배를 드리고 활동을 하는 교당이 따로 마련되어 있기도 하다. 그 외에도 안산중국동포의집, 안산조선족교회, 갈릴래아 등의 종교단체와 시민단체가 결합된 형태의 단체에서도 안산외국인노동자센터에서와 유사한 형태의 각종 지원사업을 벌이고 있다. 종교나 민족적 네트워크에 따라서 단체 중에 각국별 이주노동자들이 주로 가는 곳이 정해져 있으며, 그에 맞게 외국인 지원 단체에서도 주요 지원 국가를 선정하여 적극적으로 행사를 벌이고 있다(www.migrant.or.kr 참조).

한다. 그러나 시민단체는 이주노동자들의 인권문제에 대해서는 민감하고 적극적으로 대처하지만, 반대로 지역사회와 주민들이 겪는 불편함에 대해서는 실제적인 통제 또는 해결방안이나 도움을 주고 있지 못하고 있다. 원주민들의 입장에서는 이들이 외국인 이주노동자들의 인권을 보호하고 그들을 대변하는 역할을 담당하고 있다는 것에 대해 긍정적인 측면이라는 것을 인식하고는 있다. 그러나 이주노동자들로 인해 발생하는 문제는 해결하지 않고, 그들의 인권만을 수호하려는 시민단체를 원주민들은 비판적인 시각으로 바라보지 않을 수 없다. 시민단체가 주장하는 '국경 없는 마을'[8]이라는 것이 이주노동자만을 배려하는 방향으로 치우치고 지역 원주민과의 허울뿐인 소통을 하고 있다면 그들이 말하는 진정한 '국경 없는 마을'이라는 것은 탄생할 수 없다고 보는 것이다.

그러나 국경 없는 마을 간담회에서 논의되었던 내용들이 실천되기란 쉽지 않은 일이다. 구호를 외치거나 변화해야 한다고 주장하는 것들은 하루아침에 해결될 수 있는 단순한 사안들이 아니기 때문이

---

8) 〈국경 없는 마을의 목적과 목표〉 '국경 없는 마을' 원곡동 만들기 사업은 지역주민과 외국인노동자가 지역사회 내에서 국적, 언어, 피부색, 종교, 경제와 문화적 차이를 극복하고 더불어 살아가는 지역공동체 문화를 조성하며, 지역주민과 외국인노동자들이 상호 협력하여 지역사회발전에 이바지하는데 그 목적이 있다. 첫째, 본 사업을 통하여 지역주민과 외국인노동자가 문화, 인종, 국적, 언어의 차이를 뛰어넘어 더불어 살아가는 지역공동체 형성에 대한 인식의 확대에 있다. 둘째, 본 사업을 통하여 지역주민과 외국인노동자가 상호지역사회 구성원으로서 받아들여지게 하고, 더불어 살아가는 지역사회를 만들어가는 데 있다. 셋째, 본 사업을 통하여 다문화공동체 형성을 위한 실험적 모델 형성의 제시 및 지침서를 통한 다문화공동체 형성의 대안 및 비전을 제시하고자 한다.(안산이주민센터 홈페이지 참조 www.migrant.or.kr)

다. 또, 현실적으로 간담회 이외에 원주민과 다른 집단과의 상호작용이 많지 않은 실정에서 회의 개최 수준에서는 상호교류와 이해를 증진시키기 어려운 것도 사실이다. 그럼에도 불구하고 국경 없는 마을 간담회는 서로 간의 의견 교환을 통해 해결책을 찾아나가는 미미하지만 변화의 가능성을 발견할 수 있는 시도 중에 하나다.

원곡동 지역은 '국경 없는 마을'이라고 불리기도 한다. 이주노동자들을 지원하기 위한 많은 시민단체들이 "안산외국인노동자집단거주지가 단순히 지역적 공간으로서의 의미를 뛰어넘어 하나의 문화적 공동체 사회로 자리매김 할 수 있도록 하기 위해서 펼친 운동"이 국경 없는 마을 만들기였다. '국경 없는 마을 만들기'는 '이주노동자들의 인권보호를 넘어서서 지역 원주민과의 연계를 통해 상호소통이 이루어지는 공동체 형성 차원의 운동'이었고 이러한 운동 구호가 미디어의 관심을 받으면서 원곡동이라는 동명 대신에 '국경 없는 마을' 또는 '국경 없는 거리'라는 칭호로 알려지게 되었다[9]. 실제로 이곳의 대표적 시민단체인 안산이주민센터에서는 이주노동자들과 지역주민들이 함께 어울리고 의사소통할 수 있는 자리를 만드는 노력을 기울여 왔다. 90년대 후반 시민단체, 이주노동자 대표와 주민 대표가 힘을 합쳐 '국경 없는 마을 주민위원회'를 조직하고 원곡동 지역 차원의 활동을 벌이기 시작했다. 시민단체에서는 이주노동자와 주민을 대상으로 대대적인 설문조사[10]를 벌여서 지역사회의 불만과 요구사항을

---

9) 윤승진(2005) 참조.

10) 2002년 5월에는 원곡동에 거주하는 외국인과 내국인을 대상으로 '국경 없는 마을'을 만들기 위한 설문조사를 벌인 결과, 지역주민들은 지역 사회의 발전을 위해서는 주민과 외국인 이주노동자들이 상호이해를 위한 교육을 실시해야

파악하려고 하였다. 그리고 이주노동자 측에서는 솔선수범하여 거리 청소를 제안하였고, 지역 원주민들은 외국인 이주노동자 대표들을 명예주민자치위원[11]으로 위촉하였다. 센터에서는 주민대표들과 관공서의 지원을 받아 마을신문, 마을지도 만들기를 비롯하여, 설날 잔치, 추석 "콩꽃" 축제, 여름에는 안산월드컵, 겨울에는 이주노동자들의 만남의 밤 등의 행사를 하고 있다[12]. 또한 센터의 모토인 '국경 없는 마을'의 발전방안을 위한 심포지움 등의 학술활동도 이루어지고 있다. 이 중에서 센터에서 적극적으로 벌이는 활동 중에 하나가 '국경 없는 마을 배 안산월드컵'이다.

안산월드컵은 이주노동자들이 다 같이 모이는 자리임과 동시에 '국경 없는 마을'에 거주하는 원주민들과 이주노동자들 모두가 물심양면으로 지원을 아끼지 않고 함께하는 상징적인 행사이다. 올해로 이미 5회째를 맞는 행사는 이미 원주민들 사이에도 그 이름이 구체적으로 알려진 행사이며 지역주민모임과 상우회에서 행사를 전폭적으로 지원하고 참가한다.

2006.6.19 안산월드컵 관찰일지 [사례 V-7]

오늘 안산이주민센터의 자원봉사자로 안산월드컵에 참가했다. 이미 두 달여 전부터 안산월드컵을 개최하기 위해서 각국의 이주노동자들 섭외에

한다(31.4%)고 느꼈으며, 이주노동자와 주민이 함께 살아가는 '국경 없는 마을' 조성에 대해서 긍정적인 반응(81%)을 보였다(박천응 2003).

11) 안산이주민센터에서는 외국인들이 이미 내국인들보다 많이 살고 있는 지역이 원곡동이라는 점을 지적하면서 정부나 지역주민들이 외국인들을 타인으로 바라보는 시선을 극복하고 '외국인도 지역주민으로 받아들여야 한다'고 주장한다.

12) 박천응(2002) 참조.

들어갔고 당일 날 도움을 줄 자원봉사자 물색에 나섰으며, 월드컵 전날 자원봉사자들이 모여서 행사진행을 위한 예행연습과 준비를 마친 상태였다.

아침 일찍 원곡고등학교 운동장에 모였다. 대회를 위한 물품들이 단상 옆에 놓여있고 단상에는 개회식을 위해 센터 박천응 목사와 실무자들, 안산시장, 원곡본동 동장, 외환은행 지점장, 주민자치위원장, 부위원장, 상우회 회장, 체육회 회장, 부녀회장, 외국인복지지원과 직원들이 함께 모였다. 그 외에도 대회 시 발생할 구급 상황을 위한 의료지원팀과 에이즈예방협회 홍보대사들, 페이스페인팅 자원봉사자, 각국 축구팀을 통솔할 백골단 전우회 회원들, 외국인센터 자원봉사자들이 함께 자리했다. 그리고 각국의 축구팀과 KT 전화국 축구팀이 한국 팀으로 참여함과 동시에 자원 봉사 팀을 꾸려서 지원했다.

각국 선수들이 예선은 리그, 8강부터는 토너먼트로 진행되었다. 전 후반 총 30분인 미니 월드컵이었다. 원래는 한국 팀이 리그에 참여하기로 되어있었는데 다른 국가가 참여하게 돼서 명단에서 빠져버렸다. 한국 팀으로써 나갈 준비를 하고 있었던 KT 팀 아저씨들은 실망한 기색을 감추지 못했다. 개회식이 진행되고 나서 ABCD조 중에 경기장 사정 관계로 CD조는 관산중학교에서 예선경기를 진행하게 되었다. 모든 국가의 선수들이 유니폼을 맞추어 입고 나왔다. 각국의 노동자들은 너나 할 것 없이 신나게 응원을 했다.

예선이 끝나고 이번 국가별 대항 줄다리기가 실시되었다. 각국의 남녀 20명씩 참여해서 토너먼트로 진행되었으며, 자원봉사자를 비롯해서 구경 온 주민들까지 모두 참여하는 방식으로 이루어졌다. 줄다리기가 끝나고 나서는 각국의 대표 남녀가 하나가 되어서 손을 잡고 짝 축구를 하였다. 점심식사를 다 같이 하고는 8강 토너먼트 경기가 진행되었다. 8강 경기가 진행되는 옆에서는 몽골 친구들과 원일초등학교 학생들이 준비한 댄스 경연이 펼쳐졌으며, 에이즈예방을 위한 콘돔 물 풍선 터뜨리기와 페이스페인팅 자원봉사가 진행되었다. 행사가 시작 전부터 끝나서까지 센터와 KT 자원봉사자들은 발생된 쓰레기를 줍고 외부인들이 사용한 학교의

화장실을 청소하였다. 쓰레기 청소 할 때 관람석에 앉아 있었던 각국의 관람객과 주민들이 많이 도와주었다.

　지역주민들과 이주노동자들이 어울리는 자리로서 기대 이상이었다. 그러나 뒤풀이 자리에서 통닭을 뜯을 때는 원주민들 없이 이주노동자와 센터 관계자만 같이 하루를 정리하는 자리를 마련했다. 이주노동자들의 참여뿐만 아니라 원주민들의 적극적인 지원 없이는 무사히 치러낼 수 없는 큰 행사였지만 그들은 함께 하지 않았다. 오늘도 변함없이 센터 앞에서 벌어진 시끌벅적한 뒤풀이 장소에 옆집 할머니가 와서 시끄럽다는 불평을 하고 갔다.

　그러나 월드컵이 '국경 없는 마을' 전체를 위한 행사를 표방하고 있음에도 불구하고 원주민들과 이주노동자들을 동시에 배려하고 어울릴 수 있도록 하는 자리와 분위기 조성이 쉬운 일은 아니다. 원래 한국 팀은 참가하기로 되어있었지만, 월드컵 당일 날 다른 외국팀이 갑자기 참가하게 되면서 토너먼트 대진표가 맞지 않자 한국 팀이 빠지게 되었다. 경기 과정 속에서는 원주민과 이주노동자 모두가 참여하는 자리가 마련되었지만 경기가 끝나고 나서 이주노동자들은 센터 전면 거리에 모여서 저녁식사를 했지만 원주민들은 참가하지 않았다. 오히려 센터 주변에 사는 원주민들은 시끌벅적한 분위기와 거리 청결을 문제 삼아 화를 내고 갔다. 시민단체나 이주노동자들의 노력뿐만 아니라 원주민들의 지원과 노력 없이는 월드컵이 무사히 치러질 수 없었음에도 불구하고 월드컵 진행 중부터 끝나고 뒤풀이까지 보인 행사의 모습들에서 원주민들은 배제된 측면이 있었다. 이러한 행사에서 자칫하면 원주민들은 형식적인 관람객으로만 그칠 가능성이 있는 것이다.

[그림 15] 안산 '국경 없는 마을' 배 월드컵 (저자 촬영)

안산이주민센터에서는 원주민과 이주노동자 간의 연계를 지속적으로 유지하기 위해 노력하고 있다고 주장한다. 하지만 원주민들은 그들의 지원을 받아서 행사를 치렀음에도 불구하고 원주민들에 대한 배려는 보이지 않는 센터의 태도에 대해 불만을 가지고 있었다. 물론 원주민과 이주노동자들이 다양한 행사를 통해 함께 지속적인 상호작용을 하기에는 현실적인 여건상으로도 어려운 점이 많은 것 또한 사실이다. 하지만 안산월드컵을 비롯한 행사들은 서로 의사소통할 수 있는 만남의 장을 마련하는 초석이 되는 의미 있는 것이라고 원주민들은 생각하고 있었다.

다양한 행사들이 열리고 있는 다른 한편에는 좀 더 다가가기 위한 노력의 일환으로 이주민센터에서 벌이고 있는 문화교류 활동이 열린다. 이에 대해서 원주민들도 필요성을 동감하는 부분이 많다. 이주민센터에서는 원곡동주민들과 이주노동자에게 실시한 설문조사에서도 가장 필요한 것으로 드러났던 '상호문화에 대한 이해와 교육 필요성' 실천 관련 행사를 열고 있는 것이다. 센터에서는 한국어와 한국문화를 배울 수 있는 기회를 제공함과 동시에, 거꾸로 다른 나라의 문화를 배울 수 있는 기회를 아직은 제한적 집단이지만 국제결혼가정을 대상으로 하여 제공하고 있다. 또한 센터를 비롯하여 다른 외국인지원 시민단체 프로젝트의 일환으로 이주노동자들이 한국인 가정을 방문하여 한국인 가정을 체험하는 프로그램이 실시되고 있다.13)

[사례V-8]

▸ 연구자: 외국인들은 어떻게 해야 한다고 생각하세요?

▹ 송리나(여, 중국인, 42세): 외국인들도 한국 사람을 이해하려는 노력을 해야지. 서로 적응하고 배려하는 노력을 기울여야지. 사랑하는 마음으로 배려하고, 노력해야지. 그래야 좁혀지는 거야. 서로의 차이점들을 인정하고 좁혀가야 한다고. 외국인도 코앞에 돈 벌 생각만 하지 말고 한국말을 배워야겠다는 생각을 할 수 있어야 돼. 한국 오기 전에 미리 이런 것들을 준비해서 올 필요도 있지. 근데 한국에 오면 체계적으로 말을 배울 곳이 없기도 하고, 돈 버는 게 시급하니까 무조건 돈만 많이 벌려고 하더라고. 그 뿐만 아니라 우리 외국인들도 노력이 부족하고

---

13) 또한 외국인복지지원과의 예산지원으로 원곡동에 위치한 각 시민단체에서는 원곡동을 비롯하여 안산시 단원구 일대의 초등학교를 대상으로 이주노동자들이 온 국가들을 중심으로 문화를 소개하는 시간을 가졌다. 중국인 중점 지원 단체에서는 중국문화, 스리랑카 중점 지원 단체에서는 스리랑카 문화 등을 몇 개국을 선정하여 학생들에게 문화를 알리는 시간을 제공하였다. 실제로 원곡초등학교에 다니는 한 가정의 아이는 중국간판으로 둘러싸인 자신의 동네가 왜 그런지 이해하지 못해서 부모에게 도움을 요청했지만 제대로 설명해주지 않았다. 그러나 학교에서 열린 중국문화교실을 계기로 삼아 중국문화에 대한 것을 미약하나마 느낄 수 있는 계기가 되었다.

게으른 측면도 있는 것이 사실이야. 여기 교회만 해도 한국어 교실에서 선생님이 학생을 기다리고 있는데 학생이 오지를 않으니 말이야. 외국 생활이 만만한 것이 아닌데 이런 걸 피부로 느꼈는데도 노력을 안 하니 말이지.

[사례Ⅴ-9]

▸ 연구자: 공존하는 방법은 어떤 게 있을까요?

▹ 박성태(남, 68세): 서로 융합하려면 이쪽 사는 사람들도 외국인 문화를 알아야지. 우리 같이 장사하는 사람들은 외국인들에 대해서 좀 아는 편이야. 외국인들이 숫자가 많아지면서 자기들이 원곡동 터줏대감 하듯이 돌아다니고 있는 게 실정이야. 우리도 그쪽 문화를 배워야 해. 사무실이나 가게에서 외국인들을 이해하고 알려고 하는 사람들이 많이 있는데, 시에서 이와 관련해서 외국문화와 관련한 교육이나 홍보를 해 줬으면 좋겠는데 아직 잘 안 되고 있는 거 같아서 아쉬워.

이주노동자들이 한국문화와 규범을 배우고 이해하려는 노력이 필요한 것과 마찬가지로, 원주민들 역시 그들의 문화를 배우려는 노력이 필요하다는 것을 인식하고 있었다. 실제로 발생하는 분쟁의 많은 부분들이 서로의 문화를 제대로 이해하지 못해 발생하기 때문이다. 이주노동자들에게만 무조건 한국의 관습에 순종하라고 강요하지 말고, 원주민들도 그들을 이해하기 위해 서로에 대한 지식을 습득하고 상호 이해하는 과정이 요구된다. 그러나 원주민들 역시도 그들의 관습이나 문화를 배우고 싶음에도 불구하고 위에서 보듯이 시민단체 차원의 국지적인 지원에만 그치고 있는 것이 지금의 실정이다. 어느 정도 기간 동안 이주노동자들과 함께 생활하면서 "저런 건 어느 나라 사람들이 보이는 행동이다"라는 것을 어렴풋이 아는 수준에는 이르렀지만 "왜 그런 행동을 보이는지"에 대한 구체적인 이해가 이루어지지 못하고 있다.

그리고 한국정부에서도 인력수입의 역사가 길어지고 규모가 증가하고 있음에도 불구하고 아직까지도 이주노동자들에게 한국문화와 규범에 대해 체계적으로 전달할 수 있는 체제를 가지고 있지 않다. 돈을 벌기 위해 한국에 온 노동자들이 개인적으로 이러한 지식들을 습득할 수 있는 기회는 많지 않기 때문에 정부에서의 적극적으로 체계적인 교육의 실시를 원주민들은 바라고 있다. 이주노동자들이 규범이나 문화를 잘 알지 못하기 때문에 발생하는 질서 위반 등의 문제들을 미연에 방지할 수 있는 기반이 형성될 수 있기 때문이다.

원곡동은 지속적인 변화선상에 놓여있다. 원주민들은 치안과 지역발전 등을 중요한 문제로 보고 있으며, 이러한 문제의 해결을 위해서는 서로에 대한 지식과 이해가 필요하다는 것을 생활해가면서 깨닫고 있다. 쉽지 않은 일이고 한계도 분명히 있지만 원주민들의 공존을 위한 노력은 지금도 계속되고 있다.

VI

결론

외국인 이주노동자들이 본격적으로 유입되기 시작한지도 10여년이 지났다. 그럼에도 불구하고 아직까지 그들의 유입으로 인해 변화한 원주민 지역사회에 대한 구체적인 연구가 이루어지지 못했기 때문에 이주와 관련된 한국사회의 문제에 대하여 총체적인 관점의 제시가 부족했다는 점에 착안하여 이 연구는 이루어졌다. 특히 한국인 원주민들을 대상으로 원주민의 두려움과 그 대응방식에 초점을 맞춤으로써, 이주노동자 집단만을 대상으로 이루어졌던 기존 연구들과는 차별된다. 연구자는 외국인 이주노동자들이 집단적으로 거주하고 있는 대표적인 지역인 안산 원곡동을 현지조사하여 다음과 같은 결론을 내리게 되었다. 안산 원곡동 집단거주지에 살고 있는 원주민들은 시간이 지남에 따라 이주노동자로 인해 발생한 두려움을 다루는 방식을 체득하였을 뿐만 아니라 적극적으로 상호이해와 공존을 모색하기 위한 노력을 기울이고 있다는 것이다.

　안산은 원래 수도권의 집중을 분산시키기 위해 형성된 공업 도시로, 원곡동에 외국인 이주노동자들이 유입된 것은 반월공단에 입지한 산업의 구성과 한국사회의 산업구조의 변화와 밀접한 관련이 있다. 1990년대 후반, 한국사회에서는 제조업 분야의 인력난을 채우기 위해 이주노동자들이 유입되기 시작되었고, 제조업 공장이 밀집된 안산으로 이주노동자들이 모여들게 되었다. 안산이 건설될 당시부터 노동자들의 주거공간으로 저렴한 집값과 공단과의 근접성 등 유리한 조건을 가지고 있었던 원곡동은 이주노동자들의 주거지가 되었다.

원곡동 원주민들은 소규모의 자본을 가지고 공단노동자들을 상대로 소매업이나 임대업에 종사하는 사람들이었다. 따라서 공단노동자들의 유출로 경제적인 어려움을 겪고 있던 원주민들은 이주노동자들의 유입으로 인해 경제적 이득을 보게 되었고, 근린 환경의 급격한 변화를 겪었음에도 불구하고 원주민들은 타 지역으로의 전출하지 않았다. 하지만 원곡동 내에서 생업에 종사하지 않는 다른 원주민들은 이주노동자 위주로 변화된 상권과 악화된 교육여건 등을 견디지 못하고 타 지역으로 이주하게 되었다.

도시에서 사회문화적으로 다른 배경을 지닌 '이방인' 즉, 이주노동자의 유입은 원주민들에게 두려움(urban fear)을 불러일으키기에 충분한 요인으로 작용하였다. 또한 미디어에서 재현된 이주노동자들의 불안정한 지위와 경제적 열악함 그리고 집단거주지에 대한 부정적인 인식은 이러한 점을 반영하고 있다. 실제로 이주노동자들이 유입되고 나서 발생한 일련의 사건들과 범행을 저지르더라도 신분확인이 어려운 이주노동자들의 상황은 그들에 대한 편견과 고정관념을 재생산한다. 하지만 그들에 대한 편견은 오해를 불러일으키고 두려움을 더욱 조장하기도 하였다. 원곡동을 바라보는 미디어의 부정적인 시선 역시 과장된 부분이 있다는 점을 원주민들은 인지하고 있었다.

그러나 이주노동자에게 두려움만 느낀 것은 아니다. 원주민들이 이주노동자들과 맺는 상인-고객, 집주인-세입자의 관계는 경제적 유인으로 생겨났지만, 이주노동자들과 일상생활의 지속적인 상호작용을 가능하게 하였다. 그리고 원주민들은 이주노동자들과 불법체류자 집중단속 등 일련의 사건을 함께 경험하게 되면서 이주노동자의 처지를 이해하고 받아들이게 되었다. 즉, 개별적인 관계의 형성과 일상 경험의 공유는 원주민들이 이주노동자들에게 느꼈던 두려움을 경감시키고 공존의 기반을 마련할 수 있는 계기가 된 것이다.

시간이 흐르면서 원주민들은 이주노동자에 대한 지식의 증가와 변화된 원곡동 공간 인식의 정교화를 통해 두려움을 다룰 수 있게 되었다. 원주민들은 이주노동자를 두려움을 불러일으켰던 존재에서 상호관계를 형성해나가는 이웃으로 생각하게 된 것이다. 그러나 원주민들이 이주노동자를 완전한 이웃으로 받아들인 것은 아니다. 아직도 그들과 이주노동자 사이에는 치안이나 지역개발 등의 측면에서 남아 있는 문제들이 있기 때문이다. 그러나 원주민들은 이러한 문제점들을 해결하기 위해 노력하고 있으며, 이주노동자들과 공존하며 원곡동을 발전시키기 위한 방안을 지속적으로 추진하고 있다.

원곡동의 원주민들은 두려움과 공존 사이에서 이주노동자들과 함께 살아가는 방식을 터득하고 함께 해결해나가는 과정에 있다. 이러한 변화들은 하나의 작은 생활습관에서부터 지역발전의 흐름까지를 아우르는 도시사회의 총체적인 측면에서 일어나고 있는 것이다.

칼데이라(Caldeira 2000)와 로우(Low 2003)의 연구에서 중산층 사람들은 이주민들과의 공존 대신에 담을 두르고 분리된 거주지를 조성하였다. 그리고 그들의 생활은 공간적 분리를 넘어서서 소비, 레

저, 교육 등의 전반적인 활동을 폐쇄적인 집단 내에서 이루어진다. 그러나 그들은 이주민들과 완전히 독립된 생활을 할 수 없었다. 도시를 지탱하고 운영하는 기반의 많은 부분이 이주민들의 노동력으로 이루어지고 있기 때문이다. 결국에는 어떠한 방식으로든 서로 간의 공존을 이루어가야만 하는 것이 현실이다.

다양한 사회경제적 배경을 지닌 이질적인 집단이 함께 근린에서 생활하는 데에는 많은 어려움이 따른다. 이와 같이 사회집단 간의 경계가 날카롭고 사회적 유대나 소속감이 적은 곳에서는 보통의 범죄율도 두려움을 불러일으킬 수 있으며, 근린 내의 경계들을 악화시킬 수도 있다. 그러나 두려움을 비롯한 여러 가지 문제들은 담을 두른 거주지를 형성하거나 통제와 감시를 철저하게 하는 것으로는 해결될 수 없다. 그보다는 도시와 주민들에 대한 더욱 더 많은 지식들이 필요하다(ibid.). 이러한 지식들을 바탕으로 다양한 문화 간 상호작용을 용이해질 수 있도록 지역의 근린과 전체로서의 도시 차원에서의 지속적인 노력이 이루어져야 공존을 향해 나아갈 수 있다.

원곡동은 지금 새로운 위기에 직면해 있다. 정부의 지방분산 정책으로 안산 반월공단에 있는 기업들이 혜택을 위해서 지방이전을 적극적으로 실시하게 되면서 새로운 일자리에 취직하기 위해서, 또는 빈번히 벌어지는 집중단속을 피해 이주노동자들이 타 지역으로 유출되는 현상이 발생하였다. 이러한 이주노동자들의 이주는 지역경제를 침체시켜 원주민들의 생활을 어렵게 만들고 있다. 제도적인 차원에서 이루어지고 있는 정부 정책들이 원주민들의 공존을 위한 노력에 걸림돌이 되고 있는 것이다.

그 동안 이주노동자 집단만을 연구대상으로 삼았던 방식은 그들을 받아들이는 원주민, 지역사회의 차원에서 발생하고 있는 변화의 총체적인 양상을 밝힐 수 없었다. 이는 결국 한국사회에서 이주문제와 이주노동자에 관한 논의가 제한적이고 추상적인 수준에서 머무는 결과를 낳았다. 위에 언급된 사례를 적용시켜보면, 원곡동에서 최근 들어 발생하고 있는 문제들은 이주노동자만을 연구대상을 삼았을 때 그들 집단의 변화양상만을 알아낼 수 있으며, 또 다른 주요한 부분인 지역사회와 원주민에게 일어나는 변화들을 짚어낼 수 없게 된다는 점을 발견할 수 있다. 이러한 측면에서 본 연구는 기존연구의 한계를 극복하고자 하는 시도였다. 하지만 이 역시도 양쪽 집단 모두를 조사하지 않았기 때문에, 두 입장 간에 충돌하는 주요한 변화와 갈등의 접점을 정확히 짚어 내 분석하기에는 미흡한 점이 존재하며, 이는 후속연구에서 보완되어야 할 점이다.

이 논문은 한국의 지역사회에 이주노동자들이 유입되었을 때 발생하는 각종 문제들에 대처해 나가는 원주민들의 생활과 인식의 변화에 대한 하나의 사례 연구이다. 그러나 이에 그치지 않고, 다양한 경로를 통한 이주민의 유입 속에서 다문화사회를 구성해가야 하는 과제에 맞닥뜨리게 된 한국사회에서 발생할 수 있는 이주 문제에 대한 새로운 시각과 해결의 가능성을 보여줄 뿐만 아니라 다문화사회에서의 공존의 방식을 모색하기 위한 지침을 제공해줄 수 있을 것이다.

참고문헌

1. 국문

강경원

　1981 "반월 신공업도시로의 주거이전에 관한 연구- 공장종업원을 중심으로," 서울대학교 환경대학원 석사학위논문.

강성효

　1981 "신도시건설과 도시정책- 반월신공업도시 건설현황,"『도시문제』 16(10): 66-80.

김광억

　2005 "종족의 현대적 발견과 실천,"『종족과 민족』, 서울: 아카넷, pp. 15-84.

노고운

　2001 "기대와 현실 사이에서: 한국 내 조선족 노동자의 삶과 적응전략," 서울대학교 인류학과 석사학위논문.

박배균·정건화

　2004 "세계화와 '잊어버림'의 정치: 안산시 원곡동의 외국인 노동자 거주지역에 대한 연구,"『한국지역지리학회지』10(4): 800-823.

박천응

　2003 "안산지역 외국인근로자실태와 안산시의 지원시책,"『지방의 국제화포럼』78: 17-38.

박천응 편저

　2002 『국경 없는 마을과 다문화 공동체』, 안산외국인노동자센터.

박충환

　1995 "한국인과 외국인 노동자간 문화접촉에 관한 연구: 작업장 내 비형식
　　　적 관계를 중심으로," 경북대 고고인류학과 석사학위논문.

석현호 외

　2003 『외국인 노동자의 일터와 삶』, 서울: 지식마당.

설동훈

　1996 『한국사회의 외국인노동자에 대한 사회학적 연구: 외국인노동자의
　　　유입과 적응을 중심으로』, 서울대학교 사회학과 박사학위논문.

　1999 『외국인노동자와 한국사회』, 서울대학교 출판부.

　2000 『노동력의 국제이동』, 서울대학교 발전연구총서.

송병준 외

　1997 『외국인노동자의 현실과 미래』, 서울: 미래인력연구센터.

안산외국인노동자센터

　2002 『국경 없는 마을 만들기를 위한 지역 주민 조사 결과』, 국경 없는
　　　마을 추진 위원회, 미간행.

유명기

　1997 "외국인노동자와 한국문화,"『노동문제논집』 13: 69-98.

　1999 "외국인, 외국인노동자, 열린사회를 향한 디딤돌인가 걸림돌인가?,"
　　　『당대비평』 9: 152-172.

　2002 "외국인노동자, 아직 미완성인 우리의 미래,"『당대비평』 18: 12-35.

유승무

　1994 『반월공업공단 노동자 계급의 형성과정에 관한 연구』, 한양대학교
　　　사회학과 박사학위논문.

윤태선

　2002 "외국인노동자에 대한 텔레비전 뉴스 보도 성향에 관한 연구," 한양대
　　　학교 신문방송학과 석사학위논문.

윤승진 외

    2005 "도시공간의 변화와 그에 따른 사회문화적 변화: 안산외국인노동자집
        단거주지 사례를 중심으로," 서울대학교 인류학과 도시생활과 문화
        수업 기말소논문.

이성진

    2003 "여가 공간 환경이미지 분석: 인지지도(Cognitive map)를 이용하여,"
        경기대학교 관광개발학과 석사학위 논문.

이욱정

    1994 "국내 방글라데시 노동자들의 생활실태와 적응전략에 관한 사례연
        구," 서울대학교 인류학과 석사학위논문.

이태정

    2004 "외국인이주노동자에 대한 사회적 배제 연구: 안산시 국경 없는
        마을을 중심으로," 한양대학교 사회학과 석사학위논문.

이혜경

    1994 "외국인 노동자 고용에 관한 연구: 국내 노동시장에 미치는 영향,"
        『한국사회학』 28: 89-113.

임성숙

    2004 "한국 내 조선족 노동자의 민족정체성 재형성과정," 한양대학교
        인류학과 석사학위논문.

정건화 외

    2005 『근대 안산의 형성과 발전』, 서울: 한울아카데미.

정기선

    2003 "외국인 노동자의 문화접촉, 사회적 거리감과 인상변화," 『외국인
        노동자의 일터와 삶』, 서울: 지식마당, pp. 287-321.

한건수

    2004 "타자 만들기: 한국사회와 이주노동자의 재현," 『한국의 소수자,

실태와 전망』, 서울: 한울아카데미, pp. 445~465.

함한희

　1995 "한국의 외국인노동자 유입에 따른 인종과 계급문제," 『한국문화인류
　　　학』 28: 199-221.

2. 영문

Anderson, Elija

　1990 *Streetwise: race, class, and change in an urban community*, Chicago:
　　　The University of Chicago Press.

Caldeira, Teresa P. R.

　1999 "Fortified Enclaves: The New Urban Segregation" in Setha M. Low,
　　　(ed.) *Theorizing the city*, New Brunswick: Rutgers University Press,
　　　pp. 83-107.

　2000 *City of Walls*, Berkeley: University of California Press.

Douglas, Mary

　1966 *Purity and Danger*, London: Routledge. (유제분·이훈상 역, 1997,
　　　『순수와 위험』, 서울: 현대미학사)

Glassner, Barry

　1999 *The Culture of Fear: why Americans are afraid of the wrong things*,
　　　New York: Basic Books. (연진희 역, 2005, 『공포의 문화』, 서울:
　　　부광)

Gregory, Steven

　2003 "Black Corona: Race and the Politics of Place in an Urban Community"
　　　in Setha M. Low and Denise Lawrence-Zuniga. (eds.) *The*

Anthropology of Space and Place, Oxford : Blackwell.

Hannerz, Ulf

   1969 *Soulside: Inquiries into Ghetto Culture and Community*, New York: Columbia University Press.

Li, Zhang

   2001 *Strangers in the City*, California: Stanford University Press.

Lofland, Lyn H.

   1973 *A World of Strangers: order and action in urban public space*, Illinois : Waveland Press.

Low, Setha M.

   2001 "The Edge and the Center: Gated Communities and the Discourse of Urban Fear," *American Anthropologist*, 103(1) : 45-58.

   2003 *Behind the Gates*, New York : Routledge.

Merry, Sally Engle

   1981 *Urban Danger : Life in a neighborhood of strangers*, Philadelphia: Temple University Press.

   2002 "Urban Danger : Life in a neighborhood of strangers" in George Gmelch and Walter P. Zenner. (eds.) *Urban Life : Readings in the anthropology of the city*, Illinois : Waveland Press, pp.115-126.

Park, Sam Ock and Ann R. Marcusen

   1999 "Kumi and Ansan : Dissimilar Korean Satellite Platform" in Ann R. Markusen, Yong-Sook Lee, and Sean DiGiovanna (eds.) *Second Tier Cities*, University of Minnesota Press, pp.147-162.

Porteous, J. Douglas

   1977 *Environment & Behavior : Planning and everyday urban life*, Baltimore : Pro Quo Books. (송보영 · 최형식 역, 1989, 『환경과 행태: 계획

및 일상적인 도시생활』, 서울: 명보문화사)

Rotenberg, Robert

    2002 "The Metropolis and Everyday Lives" in George Gmelch and Walter
        P. Zenner. (eds.) *Urban Life*, Illinois : Waveland Press, pp. 93-105.

Suttles, Gerald

    1972 *The Social Construction of Communities*, Chicago: University of
        Chicago Press.

Wirth, Louis

    2002(1938) "Urbanism As a Way of Life" in George Gmelch and Walter
        P. Zenner. (eds.) *Urban Life*, Illinois : Waveland Press, pp. 65-82.

Wong, K. Y.

    1979 "Maps in mind: an empirical study," *Environment & Planning A*,
        11(11) : 1289-1304.

3. 기타참고자료

안산시

1986 안산시(반월신도시) 도시계획 자료집

1997 안산 도시기본계획(2016년)

1999 안산시사

2001 안산도시계획재정비

2004 안산시 도시계획 연혁

2005 상반기 시정주요통계정보

2006 외국인 복지지원 업무 추진사항(외국인복지지원과)

연속간행물 안산시 안산통계연보

통계청

MBC 뉴스 보도 자료

한겨레신문, 오마이뉴스, 안산저널 등의 일간지

http://www.migrant.or.kr

http://cafe.daum.net/goansango

찾아보기

[저자 약력]

이 선 화

　서울대학교에서 지리교육과 인류학을 전공하고, 동대학원 인류학과에서 안산 원곡동에서 4개월 간 민족지연구(ethnographic research)를 진행, 외국인 이주노동자의 유입으로 인해 발생한 도시지역사회의 변화에 대한 연구로 석사학위를 받았다. 중국 네이멍구 초원과 중국과학원 식물연구소(IBCAS)에서 1년 3개월 간 민족지연구를 진행 한 후 〈초원을 나는 닭: 중국 내몽고 초원 사막화 방지의 생태정치〉라는 논문으로 서울대학교 인류학과에서 박사학위를 받았다. 서울대학교 비교문화연구소 연구원, 인천대학교 중국학술원 학술연구교수를 거쳐서 현재는 중국 산둥대학 인류학과 조교수로 재직 중이다. 논문으로는 〈닭과 우리: 동물의 습관화와 초원의 생태정치〉, 〈중국 내몽고 초원 몽골족 생활방식의 다변화: 황막초원 지역 몽골족 마을의 사례〉 등과 저서로는 《도시로 읽는 현대중국》(공저)가 있고, 도시인류학, 생태인류학, 중국지역학 분야에서 다수의 논문을 발표하고 있다.

두려움과 공존 사이에서

외국인 이주노동자 유입에 대한 도시지역 원주민의 대응

초판 인쇄   2021년 11월 10일
초판 발행   2021년 11월 21일

지 은 이 | 이선화
펴 낸 이 | 하운근
펴 낸 곳 | 學古房

주   소 | 경기도 고양시 덕양구 통일로 140 삼송테크노밸리 A동 B224
전   화 | (02)353-9908 편집부(02)356-9903
팩   스 | (02)6959-8234
홈페이지 | http://hakgobang.co.kr/
전자우편 | hakgobang@naver.com, hakgobang@chol.com
등록번호 | 제311-1994-000001호

ISBN 979-11-6586-417-0 93300

값 : 11,000원